Bob Dylan
Eleven Outlined Epitaphs

Wolf Biermann
Elf Entwürfe für meinen Grabspruch

Bob Dylan
Eleven Outlined Epitaphs

Wolf Biermann

Kiepenheuer & Witsch

Inhalt

Elf Entwürfe für meinen Grabspruch

Wolf Biermann

I.
Schluß aus! Ich komm zum Ende
der Abend ist noch jung
ich tapp 'ne fremde Straße runter, seh
die Häuser schwer verrammelt wie
Tresore
blind baller ich mit bloße Hände
an irgend so 'ne Jalousie
schwer keuchend
stammel ich und stotter
dann brüllt was aus mir raus:
Wo lang?
   Was läuft verkehrt?
      Wen anknalln? Welchen nassen Sack
        mit Spottgesängen niedersingen?
          Und welche Killer in die Knie zwingen?
            Wie zeigen wir's dem etablierten Pack?

Und wo ist hier ein Fenster, hinter dem
ich wenigstens mal irgend so 'n Normalo
spüren kann
wie 's den vom Tisch vielleicht
beim Abendbrot hochreißt
und wie es aus ihm rausgeblubbert kommt:
»Wa da nich was?

Hab ich nich grade
    irgendwen gehört?
        Vor unserm Haus
            Wer macht da rum?«
Vor Ewigkeiten, also: grade eben
kam's helle über mich
und in Sekundenschnelle
ein Gedankenblitz!
und alles, alles war
urplötzlich sonnenklar
jetzt seh ich durch
wie all die andern klugen Dummen
die denken: Jaa, genau! So isses!
Nee, doch nich:
    nein, kann sein
        is alles noch verborgen
            das Neue muß sich wohl
                erstmal vermummen

Der Flash traf mich ins Mark
niemals zuvor hab ich gehört
so 'n Fegefeuer-Sound
da brachen über mich herein
wildwüste Hirngespinste
und ich hab nicht schlecht gestaunt:
Apokalypse! Welt stürzt ein!
Ein Rappel: Erde geht kaputt!
Und Panik; Menschheit geht zugrund
Dann legte sich der Sturm

mein Rippenkäfig
   war heil geblieben und
      der Puls ging runter
         Herz-Muskel kerngesund

Die Wut ist abgeflaut, hat hinterlassen
so menschheitsretterische Überreste
ins ausgewaschne Lein'tuch eklig eingepreßte
das Laken tropft am Pfahle einer Wäscheleine aus
Ich meine das: die keine Not je wenden
so Schnapsideen von Heile Welt
das Paradies herbeigequasselt
und unser bißchen Erden-Glück
wird uns zerredet und vermasselt

Doch dieser Schock hat – das ist wahr
mich aufgescheucht für'n Weilchen
aus der Gemütlichkeit mit all den bunten
Postern
aus Flowerpower, Friede Freude Eierkuchen
Erlöserphantasien beim Dracheneiersuchen
zu Ostern

Protest-Collagen aus so Fetzen
im großen Weltgeschichte-Müll
Marx, Marilyn und Micky-Mouse
alternaive Malereien in Acryl
halb subversiv und halb schi-schi
aus Freiheit und Democracy

an meiner Wand, für mich gepinselt,
Freund und Feind schön Ton in Ton
die Revolution ohne Revolution
aus Ku-Klux-Klan und Rassenwahn
aus Rassenkampf und klasse Hanf
Bal paradox als Klan-Klux-Klu
ich dreh dem chaotischen Idyll
aus Pappe und Leinwand und Plastik-Zeug
mein hinteres Auge zu

Doch als ich wieder hinsah, warn se weg
beamtete Gorillas vonner Müllabfuhr
die hatten grad mit ihren groben Pfoten
mir meine kleine heile Welt zersaut
und haben alles einfach liegenlassen
die Trash-man-Monster hinterließen
Containerladungen voll Mode-Dreck
und der erbrach sich über all die Bilder
verschmierte mir die Farben

Dann dies: ein Stachel stieß
gewaltsam meine Augendeckel zu
zugleich hat Neugier mich gestachelt
denn das, genau das wollt ich wissen:
Wann schlag ich meine Augen wieder auf
und zwar mit einem Blick, dem keiner standhält
auch nich so 'n Piesel, der da penetrant
auf mich herunterstiert
– grad jetzt! – und sich mokiert

und über mich zu seinem Kumpel motzt:
»Wann klappt der Scheks die Augen wieder hoch?«
»Wer der? Der is mit Selbstbegeisterung bekotzt!
   der reißt nicht seine Augen auf, der nicht!«
»Dann sieht er ja rein gaanix vonne Welt!«
»Der lebt in eine Sonderwelt in sein' Gehirn«
»O Himmel-Arsch-und-Zwirn!
   dann isser wirklich abgedreht
      in echt! Der Typ is nicht ganz dicht!«

Im Diamantenzauber eingeschneiter Straßen
lausch ich auf Wegen übers Land
dem Klingeling-Gebimmel
hör' Glöcklein von 'nem Pferdeschlitten
Weit über weiße Felder schwirrt
die Kicherei, das glucksige Gesinge
der Mädchen, die fast Frauen sind
mit flirrenden Stimmen
Kehllaute verklingen
Die kleine heile Welt ist ein Gefühl
'ne wunderbare Illusion, sonst nischt
wie angewurzelt bleib ich stehn
schiefmäulig lächle ich dazu
genieße, wie der Himmelsbrand erlischt
wenn sacht das Sonnenlicht vernachtet
Und weil meine Augen
   verschlossen sind
      bleibt all solche Schönheit
         unbeachtet

II.

Erinn'rung hab ich keinen Schimmer an das Kaff
wo ich geboren ward, jedoch
die Tuuterei der Nebelhörner weiß ich noch
den Nieselregen und die Felsenriffe
Gefühle hab ich keine mitgenommen
von diesen Hügeln da am Lake Superior

Da war das schöne Land noch nicht verwüstet
schon gar nicht wie am Erie-See
bei Cleveland, wo die Hochöfen vergammeln
Da fließen Industrieabwässer in Gewässer
der Abfall von Maschinen, Menschen, Tieren
die ganze Seen-Landschaft eine kranke Schlampe
wo klares Wasser war, ist jetzt 'ne Jauchegrube
die Fische tot, genießbar ist nur noch der Blick
Die Leute sagen über diese giftverseuchte Pampe
zum Pflügen mit Traktoren isse noch zu dünn
zum Schwimmen für die Schiffe
schon zu dick

Vor meiner Zeit in Minneapolis kam ich nach Hibbing,
wo ich allmählich wurde, der ich noch nicht bin
Den schnellen Blick, Einbildung, Phantasie, Gesichte
wenn ich verdrecktes Blau vom Himmel runterkiffe
das alles konnt ich prima erben von
der Stadt, der großen: große Einsamkeit. Ich kriegte
für 'n Stolz des Unverstandenseins den Sinn
dazu den Duft der Fäulnis für Gedichte

'Ne reiche Stadt war's nicht
und meine Eltern waren keine Reichen
'ne arme Stadt wars nicht. Desgleichen
warn meine Eltern keine Armen
Die Stadt war halt 'ne Stadt im Sterben
O ja, sie starb. Und wo der ganze Ort
durchschnitten wird von Gleisen
der Eisenbahn, kann man sie sehn
da ist die wunde Stelle, dort, von dort
hab 'n sie sich weggemacht
die Eltern, meine. Väter, Mütter
meiner Freunde, alle zogen um
von Hibbing im Norden
    nach Hibbing im Süden.

Nord-Hibbing, das alte, ist lange verödet
ein totes Viertel, verwüstet die Straßen
Da steht das Gericht, der Prachtbau in Stein
ist längst seinem Schicksal überlassen

Die eitergelben Ziegel verwesen im Wind
Die Fensterhöhlen starren stockblind
wie Augen, von Sturmvögeln ausgepickt
Das Hauptportal röchelt in Agonie
weil Moos das Mauerwerk erstickt

In die meine Mutter mal ging, die Schule
ist altersschwach, ein verrottetes Loch
und doch, der Kadaver lebt immer noch

Die Mauern stehn sprachlos und kalt
im Winde ...
mit abgehauenen Armen
Wenn er vorbeigeschwommen kommt
der Mond und lächelt gelinde
und sieht die Ruine, die elend zerfetzte
dann wendet er schaudernd seinen Blick
so läßt er ihr die Würde, die letzte

Und über den Friedhof hin heulten die Hunde
die Grabsteine selber warn schon krepiert
kein Stöhnen mehr, kein Sterbelaut
nur Wind kämmt das wilde Gras

Und Ziegelsteine
vormals mit Mörtel schön aufgeschichtet
Stück um Stück falln sie wieder zurück
in den Dreck, aus dem sie gebrannt warn
weil nämlich ein Lufthauch
bei einer Brise brutal sie herabstößt
als hätten Feuerstürme des Kriegs
das Land mit Bomben vernichtet

Süd-Hibbing
nach da zog nun alles um
da wollten sie ihr Klein-Babylon
ganz neu aufrichten
doch das ist gescheitert am Wind, am Wind
der Höllenhund, das himmlische Kind

der Nord-Wind war es, in Wut entbrannt
und weil ihm keiner was angetan hatte
folgte er ihnen mit Rachsucht, ja und
– so flohen die Jahre durch das Land

Ich aber. Ich war jünger drauf
wollt unbedingt noch andre Steine lecken
mal andre Regenbogen sehn
Geborgenheit war mir ein Schrecken
ich haute ab und hörte seitdem
nie wieder auf mit dem Stiftengehn …

So 'n Abhau-Typ bin ich und brauch es so
bin seßhaft auf Achse,
bleib der, der nicht bleibt
Und sein will ich nichts. Ich will werden …
Punkt!
Mich fesselt was mich in die Ferne treibt
ich wandel nicht abgeklärt auf Erden
ich stehe ihn durch: steten Wandel
bin rumgestreunt, ein bunter Hund
verbring meine Zeit, die auf Erden mir
gegeben ist, als extremer Flüchter
im Geiste wie im Fleische. Und
so bin ich ins Leben davongerannt
so habe ich manche Furcht gebannt
mit mancher Pose fiel ich auf 'n Bauch
verblüht ist mir manch schöner Traum.

Doch niemals vergeß ich dich
du tief verschneiter Norden
– wart's nur ab
ich weiß es: wir sehen uns wieder

Doch dann:
Mit neuen Augen will ich sehn
und lässig die Straßen runterschlendern
am Stadtrand lungern an Geländern
treff ein paar Kumpels aus fernen Tagen
sofern es die dort noch gibt

Mit Alten will ich reden, auch mit Jungen
und wieder abhaun – ja
und innehalten im Vorübergehn
ans Herze drücken will ich das,
was ich verlor

Liebhaben will ich sogar
    diesen lieblosen Ort
        das ward mir inzwischen klar
Was ich verlor – o Mann
    ich warte nicht mehr drauf
        daß mir die Stadt je wiedergibt
            was sie keinem liefern kann

III.

Ja früher mal
da träumte ich davon, es hätt
mich in den Hungerjahrn, den Dreißigern
nach New York City
so wie den Woody Guthrie reingeweht

Ich hätte wie der da rumgetingelt
für 'n paar Dimes
in U-Bahn-Zügen
wo du für 'n Ticket einen Nickel blechst

Die Kneipen hätt ich abgeklappert so wie er
das läppert sich, wenn da der Hut rumgeht
die Achte Avenue rauf runter
hätt meine Runden da gedreht
durch die Gewerkschaftsbuden, doch
als ich mich durchschlug
von unserm Minne-haha-creek
am Mississippifluß im Lande des Loon
bis runter und rüber nach New York
da war der Fahrpreis schon geklettert
auf fünfzehn Cents
und immer noch im Steigen

So 'n gammelromantisches Bumslokal
wo Woody Guthrie dazumal
mit der Gitarre lässig klampfte
die abgemafften Schmuddel-Bars

sind nicht mehr das, was sie mal warn
sind aufgestylt auf neuesten Nepp
auf Schickimicki, da spreizen sich jetzt
schwer geldparfümierte Stenze

Und in so Gewerkschaftsbuden von
der NMU und vom CIO
wird unsereins weder warm noch froh
Bei denen ist so 'n gerupfter Vogel wie ich
nich grade das Gelbe vom Ei
da wartet kein Aas
auf den song-writer aus der Provinz
auf eine Balladen-Singerei
Auf so ein verkrachtes Genie wie mich
da jiepert keiner und zahlt paar Pence
für einen folksong oder zwei

Ach! wo sind sie inzwischen hin
die Helden vom vorigen Jahr
Keine Lokalgröße nimmt mich hier
in Empfang wie 'n Superstar
begrüßt mich groß und klatscht Beifall
für meinen kleinen Abgesang
mit Knüttelvers auf »underground«
waschecht im underdoggy-sound

Underground ist neu'ste Masche
  Schornsteinfeger schlucken Asche

Soll ich deinen Schornstein fegen
    mußte dich schon selbst hinlegen

Undergroundy schwimmt wie 'n Kork
    auf der Jauche von New York

Underground liegt schon im Koma
    brülln die Glocken in Oklahoma

Tote sind noch dreimal toter
    sterben sie in Minnesota

Jetzt aber reißt mich aus dem Triefen,
meine eingeborene Gier
nach dem Lebenselixier
Sonne brandet, Schaum der Lichtgischt
bricht durch aufgerissne Fenster
zieht mich aus den seichten Tiefen
ich komm wieder hoch, mach Schluß
Faules Abgehänge? – Nee!
    Rumgetriefe is mir nicht nischt
        und die tristen Abgesänge
            sind passé

Ohne Furcht seh ich Gespenter
die hier rausgekrochen kommen
aus den Stahlzeit-Endmoränen
wo die Auto-Wracks verrotten,
Schrottgeburten, so wie Oldie
FORD Tin Lizzy, unverwüstlich

Lizzy hat mich abgeschmettert
Wenn ich mich auch noch so krallte
an die alte Auto-Lady
mit geschminkter Blechkarosse
bin zu Fuß dann rumgetippelt
ja, so war es, ungelogen!

Tür verrammelt und kein Schwein da
keiner läßt mich rein da
wüste Winde heulten kalt
um zerbrochne Werbeflächen
Ein Plakat, halb abgerissen
schönes Foto: Stahlarbeiter
ohne Arbeit,
    ohne Chance
        ohne Geld und ohne Rat
stehn vor einer kalten Steel-Mill
und darunter 'n Marx-Zitat:
The production
    of too many useful things
        results in too many
            useless people

Was gehn mich schon Sachen an ...
(denke ich und renne weiter)
... die ich doch nich ändern kann!
Noch so andre Spießer-Sprüche
schwirrten mir im Kopf herum:
Wer nicht wagt, der nicht gewinnt

Hunger ist der beste Koch
 Halbe Wahrheit – ganz gelogen
  Armut ist ein Glanz aus innen
   Jeder seines Glückes Schmied!
    Keine Macht den Drogen!

An der nächsten McDonald's-Bude
iss 'n Zettel angepinnt:
»Keiner da! Alle ausgeflogen«
Mann, da guckte aber einer
blöde ausser Wäsche: ich!
glatt verkackt, echt abgefuckt
kurz geschluckt, zusamm'gezuckt
sag aber nich brav: »Jaa – O.K.!«
sondern denke mir: »Nee, nee!«

Ich lauf weiter
hundsgemein:
nächste Tür schon wieder zu!
nächste auch, wie kann das sein …
Ist hier jemand unerwünscht? –
Etwa ich? – Quatsch ich! Von wegen!
Nein, mir machte das nix aus
Ungeliebt? – Was, ich? Ach was!
War nun mal kein Schwein zu Haus
War kein Schwanz zu sehn, kein Mensch
der mich brauchte oder nich
der mich lieb hat oder nich

Daß da trotzdem welche Leute
drinne saßen, kann wohl sein
lassen mich nich rein? – Was solls!
So was scheut das Risiko
mit so windigen Gestalten
die frech an die Haustür rocken
kann so ein' wie mich das schocken?
Nie und nimmer, doch nicht mich!

Immerhin, das spürte ich:
würd ich auch nur für 'n Momentchen
heulen, betteln, Flappe ziehn
hieße das: Jetzt ha'm wa 'n endlich
auf dem Arsch und auf den Knien
Also kehrt! Ich renn die Straße
weiter, immer weiter runter
baller blind an fremde Türen,
die verrammelt sind

Ich Ich Ich – verloren Kind?
Quatsch mit Sauce, ich doch nich!
Fremdling, der herumstreunt – ich?
Bin kein Fremder, bin bloß einer
der hier nicht zum Kiez gehört
Mach nicht groß auf den, der weiß
wo der Barthel hier den Most holt
aber bin auch nicht das letzte
Würstchen, das beim Grill'n am Ende
eurer Party auf dem Rost kohlt

Immerhin, jetzt seh ich Land
bin die bösen Geister los
die mein Kinderherzchen foppten
auf beknirschte Wege lockten
und verführn zum Trauersaufen
ausgerechnet ein' wie mich!
Hörste draußen vor der Türe?
du da drinne – hörste was?
Falls du rumtriefst, halte inne
und dann schnallst du:
                    Ich bin Ich!

IV.
Jimmy, o Jim
   zu welche Partei
      gehörn wa bloß hin?

Zeig mir die Party, die eine, die meine
so 'ne Partei wo alle echt gleich sind
wo die Bestimmer nicht
immer auch reicher sind
wo nicht die Schweine
immer noch gleicher sind
So was hat Bert Brecht geschrieben
   jeder wird als Mensch gesehn
   keinen wird man übergehn
gar nicht so schlecht, wa?

Copyrigth Brecht, tja!
keinen wird man übergehn
jeder wird als Mensch gesehn

Auch Democracy kann niemals
alle Menschentiere
glücklich machen
– du mußt dich schon selbst bequemen
Freiheit kann dir nun mal keiner
geben, du mußt sie dir nehmen
Mörder und Karrierelumpen
irgendeine Sorte Drachen
wird's auf Erden immer geben
Und wer aufrecht geht, kriegt leider
schnell was auf die Schnauze, aber
auch auf allen vieren wolln wir
und wenn es noch dicker kommt:
sogar totgeschlagen werden
wir uns wieder erheben

Ich leide nicht an Patriotenpathos
doch mokieren werde ich mich
niemals übers Sternenbanner
wenn wo Schweinerein grassieren
oder sogar Staatsverbrechen
will ich ohne Furcht mich wehren
werde brüllen, schweigen, sprechen
meine Wahrheit will ich singen
mich macht keiner so leicht ein

niemand kann mich flapsig gegen
schwer erkämpfte Freiheitsrechte
hetzen
So solls sein – so wird es sein
daß die freigebor'nen Bürger
feierlich geloben
sich für diese Denke einzusetzen

Ja, das wolln und das brauchen wir:
Wahlverein ohne unten und oben
Wähler, die noch was wählen wolln
Massen, die keinen zu Tode trampeln
die auf dem Pfade der Tugend sich tummeln
steinig ob glatt, ob schmal oder breit
Wege, die jeder sucht, also auch ich
Mensch will ich sein, ohne Geifern und Hassen
einer, der sich zum Besseren drängt
losschreit, als ob er am Kreuze hängt:
»Gott, warum hast Du mich verlassen!«
da kannste ruhig über mich lachen:
»Ich renn gegen alles an, absolut
        was der Natur Gewalt antut!«
(der menschlichen oder sonst irgendwelcher)
»Ich bin Rigorist, der mächtig aufdreht
wo's gegen die Alleskaputtmacher geht«
(egal ob Menschen, Tiere oder Sachen)

Wo lern ich die tolle Truppe kennen?
Los, schleppt mich ab in so 'n Wahllokal!

Und welchen Kandidaten schickt man ins Rennen?
Verquaste Quassler braucht man da nicht
Wir brauchen ein' Typ, der gut reden kann,
und dem man sogar dann noch glaubt
wenn er die Wahrheit spricht

Und wieviel Geld muß in unsere Kassen?
    Und wie viele Stimmen brauchts überhaupt
        damit wir den Fressen im Kongreß
            ein neues Gebiß verpassen?
Wie viele Wähler müssen die Hand hochheben
    für das Gute und Echte und Wahre
        bis sie dem Weißen Haus auf dem Schädel
            endlich mal wieder wachsen: die Haare?

O nein, das ist nicht der tolldreiste Ton
von früher. Nix is mehr so, wie es war
in wildbewegten Gründerzeiten
Und nu sach mal du:
Was ward aus dem Geiste der Rebellion
ich meine in Boston den Teeparty-Coup

Wer heute im Tee ist, der braucht dazu Gras
und wenn ich GRAS sag, dann meine ich GRAS
das kerbt euch in eure Holzköpfe ein
die Party von damals ist aus und vorbei

Doch wo find ich heute 'ne Gutmensch-Partei
die Brandstifter, Folterer, Schlächter stoppt

Fanatikerpack, mit dem brennenden Kreuz
und spitzer Kapuze auf hirnlosem Schädel
das legt unsre halbe Welt noch in Asche
nur weil es 'ne dumpfe Bedrohung fühlt
und immer mit Streichhölzer inne Tasche

Tja, gäb es in echt so 'ne bessre Partei
mit der wärs im Handumdrehn vorbei
Wo find ich 'ne wirkliche Opposition?
Auf welche Verschworenen kann ich schwören?
Auf welch gute Rechner kann ich rechnen?
Der Wahnsinn blüht als Vernunftsreligion
wo doch jeder Blinde schon sehen kann
sein Leben hängt nur noch am Faden dran
und halten immer noch treudoof zur Stange
die lächeln noch im Würgegriff
und schnappen nach Luft
da macht keiner schlapp
loyal bis in' Tod
marschieren gehorsam ins Massengrab

Wer also wird reden und danach handeln?
Wer wird dieses knallbunte Grauen beenden
und wie viele Meere werden wir noch
bis dahin in Kloaken verwandeln?

Als man mich lernen ließ
was Leute so wissen
damit ich folgsam nach Höherem strebe

damit ich auch in der sogenannten
Wahrheit lebe, der nackten
damit ich meine düsteren Traumgespinste
zerreiße im Licht der Erkenntnis
da verbannte man mich ins verdorrte Land
der Buchdeckel und der Akten

Und alles das in dem Geist jener Mächte
die man mir aufgeschwatzt hatte
Das Motto beim Pauken war Stuß:
es hieß nämlich: Wissen ist Macht
Wer hat denn gesagt, daß ich Macht haben muß!
Da irrte ich einsam, total verloren –
durch Talschluchten in dem Herdengetrampel
da wird nicht geweint und wird nicht gelacht

Mit Knäblein und Mägdlein auf Lernwut dressiert
das Wissen suchend, als sei es Erlösung
so schleppte ich mich durch dörrende Hitze
unter der Sonne, von der man verbrannt wird
Aufklärung, wie es von Lehrern genannt wird
unter dem schwebenden Schatten der Adler
(das waren wohl Geier, die witterten Aas)
lautlos
fraßgierig
warten sie ab
beobachten scharf
vom hohen Felsen
die Beute gelassen

und immer stapfte ich weiter voran
mit meinen Schmetterlingen im Schädel
und war schon verknittert geworden und bitter

Das laß dir gesagt sein, du präg es dir ein!
Warum denn, mein Herr,
   die Arme sind mir ja so schon schwer
Ich sag dir: nimm lieber was an von mir!
   zu deinem Besten, junger Mann
Ich hab ja noch nicht mal die Lektion
   von gestern abend begriffen, Sir!
Muß ich mit dir andre Saiten aufziehn?
Nein, lassen Sie's gut sein! weil ich mich beug
   ich seh alles ein, ja, geben Sie her,
      ich leg's zu dem anderen Zeug
Na siehst du! und wenn du schön lernst, du du du
   dann kriegst du von mir auch 'ne fette Eins
      mach alles genau so wie ich es tu tu

Mit jedem schlauen Ga-Ga-Spruch
wuchs meine Wut, ich konnte nix machen
in meiner Ohnmacht kam es mir vor
als ob unsereins zum Verblöden geborn is
von Mal zu Mal rutschte ich tiefer und tiefer
der tumben Verworrenheit
                    in den Rachen
Mir knickten die Beine ein unter der Last
Karussell ohne Pferdchen in meinem Kopf
ich wußte nicht mehr was hinten und vorn ist

kam keinen Meter voran
wurde matt und matter
mit glasigen Blicken
und dann am Ende hörte ich
das gierige Krächzen der Totenvögel
ich aber, der blutige Anfänger
torkelte über das Lernstoffgeröll
am Fuße der Berge
paar Blitze rissen die Himmel auf
vom Donner gerührt blieb ich stehn
mein Herz schlug zum Hals hoch
ich brüllte los:
Genug! Mir reichts!
ob schlecht oder gut
ich will nicht mehr büffeln!
Ich habe genug von Zensurenpeitschen
von Lehrerlob wie von Zuchtmeister-Rüffeln!
Aus und vorbei mit der Paukerei!
Dann holte ich tief Luft
machte kehrt, aber wie:
Ich rannte schreiend um mein Leben
schrie und schrie
ich rannte von steinigen Wegen auf Straßen
Chausseen, per Anhalter Highways und weiter
zurück in den Asphalt-Dschungel der Städte
bloß weg von diesen Schluchten und Bergen
Ich muß nicht die Gipfel der Wissenschaft stürmen
muß nicht meine Stirn auf 'm Plättbrett bügeln
und nie wieder soll mich stumpfen

was dumpfe Lehrer in Schüler reinprügeln
was alleswissende Zwerge
    vom Ding-an-Sich wissen
so 'n Zeug will ich nie nicht mehr wissen müssen
kein Steißtrommler soll mich je
    zu einem Hirntrommler machen
wohl aber möcht ich hinter das kommen
was ich mit eigenen Augen seh
und noch nicht versteh
auch hinter den verrammelten Türen
was Leute über die Dinge der Welt
tief ahnen und spüren

Von da ab schlug ich ganz andre Wege ein
naturgewachsener Menschenwürde
Die Nesthocker ließ ich Nesthocker sein
Zog niemals mehr meine Stiefel aus
egal, wie endlose Meilen lang
mir meine Socken qualmten

Und Jim, auf solchen Wegen renn ich noch immer
noch immer schlaf ich am Straßenrand
genieße, was ich zu essen fand
Gern lauf ich da, wo kein Grenzverhau
mich nervt, wo kein Spürhund mich wittert
und wo sie keine Geige spielt
die University
im piekfeinen Berkley oder auch
bei den Bums auf der Bovery

Ich suche noch immer 'ne Party, wo
ich Partei nehmen darf für Gefühle
verletzte Seelen, für zarte Gemüter
von Vorschlaghämmern platt gemacht
für Herzen, grausam aufgerissen
von alten rostigen Eisenpflügen
Nach alldem, Jimmy, frag ich noch mal:
Sag mir ohne Rumeierei, ohne Schmu:
    wo finde ich diese Partei,
        die gut ist, auch
            für so Empfindsamkeiten
Und sag, wie kann man professionelle Gangster
die an unserm Glücksrad manipuliern
endlich erwischen und stoppen?
Die zocken uns ab und zinken die Karten
Wann werden wir endlich kapiern
daß man diese Schieber Schummler Betrüger
aus unserm Spielchen rauskicken kann
die solln uns nicht länger blutig foppen
ich will die weg haben – und zwar sofort
im Diesseits, im Jenseits, für alle Zeiten!

V.
Das Weib von Al
hat mal
auf mich ein böses Schicksalswort gegiftet
so 'n Wort verwüstet wie Naturgewalten

das war, als in New Jersey uns die Nacht
'ne Rolle rückwärts machte
und wir mit Ohrenschlackern schnallten
wie so ein Abend in die Finsternis entschwindet
Da machte dieses Weib von Al
gewaltig auf griechische Parze
Sie sagte: Bob, wenn du im Dunkeln rumballerst
                    dann triffste immer ins Schwarze
Und dann behauptet noch dieses Stück:
O Bob, deine Seele ist rabenschwarz
                drum kannste nie glücklich sein
Da hielt ich gegen:
»Die Farben in dem Schwarzweiß der Nacht
  kann ich sehr wohl erkennen,
     ich kann sie sogar genießen –
       ich kann mich glücklich nennen«
Nu wieder sie: »Du singst so Songs,
             die ziehn ein' nur runter«
»So siehst es nur du, durch deine Brille«
Nun sie: »Wieso! Ich sehe die Dinge wie sie sind«
»Trotzdem, du siehst das alles nur durch deine Brille«
»Und was mit denen, die so sehn wie ich?«
»Es gibt keine schlechten Wörter, es kann
          nur schlechte Gedanken geben«
– so sagt Lenny Bruce. Und da hat er recht:
Miese Gedanken
  ziehn einen runter, jedoch
    ein schlechtes Wort ist niemals schlecht
Nun wieder sie: »Wie kannst du glücklich sein und wann?«

»Mir reicht mein Glück – grad jetzt und hier«
»Wieso?«
»Weil ich in Ruhe rausschau und schön sehen kann
wie grad die Nacht sich von der Spule rollt«
»Was soll nun wieder das: Die Nacht rollt von der Spule ...«
»Will sagen: ... hat kein Ende. Und ist eben groß
   so groß, daß: jedesmal, wenn ich es sehe,
      kommt es mir vor, als wär's
         zum allerersten Mal«
»Na und?«
»Weil alles, was kein Ende find't
   und ist dermaßen groß
      das muß halt Dichtung sein
         auf die Art oder andre«
»Nun ja, bla bla ...«
»Und Dichtung macht halt, daß ich glücklich bin«
»O.K., und doch ...«
»Ich kann's grad nicht in bessre Worte bringen ...«
»Was aber mit so Songs,
      warum muß du Dein' Blues so bluesig singen?«
»Ich sing nix weiter als mein Glücksgefühl
   das von der blauen Spule rollt«

VI.
Der Woody Guthrie mein Idol – mein letztes
mein letzter Abgott – weil er auch mein erster war
wir haben es geklärt, wie man so sagt:

von Angesichts zu Angesicht
Als wir alleine waren, hab ich Menschenkind
zum ersten Mal kapiert daß alle Menschen
nur Menschen sind

So hat er es zertrümmert, ja, er selber
mein Woody-Guthrie-Götzenbild
und lehrte mich, daß Leute Gründe haben
für das, was sie verstecken oder zeigen
für das, was sie grad tun und lassen,
und was sie sprechen und was sie schweigen

Und Zweifel muß erlaubt sein
nicht gegen Worte nur, auch gegen jede Tat
Kein Tier, das Menschenantlitz trägt
soll blind befolgen irgendein' Befehl
Und dann noch das:
Kein Mensch darf seine eigene Natur
verleugnen oder gar vergessen
im Lieben nicht, auch nicht im Hassen
(denn da gibt's abertausend gute Gründe inner Welt
Millionenmal Naturinstinkte
Milliarden Triebe, ungezähmte
und es passiert nicht grade oft
daß auch nur Zwei von unsrer Art
zusammenpassen)

Wenn unsereins den Gott nicht überprüfen darf
macht mir das angst

Wenn nämlich Götter stürzen, reißen sie
auch unser Hoffen mit in' Abgrund

Der Woody hat mir solchen Sturz erspart
und weggerissen hat er nie 'ne Hoffnung,
'ne gute Illusion, die mich am Leben hielt
wo immer der auch seine Lieder sang
im prallgefüllten Liedersack trug er
ein Buch vom Menschen mit sich rum
er gabs mir für ein Weilchen, daß ich darin lese
will sagen: meine wichtigste Lektion
hab ich von dem gelernt

Nach alldem kommst du mir mit diesem Kohl:
»Wie fühlst du dich nun selber als Idol?«
Es wäre ganz schön dusslig, würde ich
dir darauf eine Antwort liefern. Etwa nich?

VII.
Drei rote Augen hat der Iwan und ein halbes
dazu fünf flammende Antennenspitzen
er schleppt am Fuß die Kette mit der Eisenkugel
und die sieht russischrot aus, wie 'ne Runkelrübe

Der Russe möchte uns Bazilln reinschmuggeln
den Cola-Automaten will er mir verseuchen
Nun fordern sexverquaste Geisteskranke

von der gewählten Obrigkeit im Capitol
»Brennt jeden Baumstumpf nieder an der Grenze!«

Kriegskrämer kreischen los, von früh bis in die Nacht
»Vergiftet unsern Himmel gegen rote Russki-Bomber!«
So tobt im Kalten Krieg die Völkerschlacht
Knechtsvolk verschanzt sich hinter Freiheits-Phrasen
es heuln mit Striemen aufm Rücken Rußlandkenner
    »Bringt alles um, was nicht gut-amerikanisch ist
                und haltet sauber Gottes eignes Land!«
So patrioteln diese eingeschrieb'nen Buchverbrenner
»Fünf Bücher ham wa letztes Wochenend verbrannt!«

Derweil streunt Bobby Lee, mein Freund,
durch Greenwich Village, er genießt
daß er sich endlich rausgezogen hat
aus diesem Harlem-Sumpf, aus dem er kam
wo seine Mutter noch die Nacht durchwachen muß
hört Ratten da rumoren im verfaulten Ausgußbecken
und unter 'm Bett aus Apfelsinenkisten
bricht durch die Risse der maroden Wände
die Kälte ein
So liegt die Mutter starr vor Schreck
im Dreck der Decken eingemummelt
dabei ist diese Frau nicht schuldig
weiß Gott (Gott wird 's wohl wissen!)
dermaßen gütig und geduldig …
Gibt 's also keine Bösewichte hier
    bei uns, direkt vor meiner Tür?

O Mannomann
  gibt's etwa nur die kinderfresserischen
    Russenmonster weit
      weit weg von unserm reichen Land?
Auch Ratten fressen ja die Babys an

Als ich mich am andern Ende der Welt
in Holland mal rumtrieb ohne Gitarre
da quatschte 'n junger Deutscher mich an
der hat mir verklickert: die Amis sind
kulturlose Wichte ohne Geschichte:

Wir haben also nur Indianer gekillt
die armen Schwarzen zu Sklaven gemacht
wir haben Europa nur Unglück gebracht
wir fressen nur Fastfood und andern Mist
wir spielen uns auf als Weltpolizist
Und Wahlen sind nur ein holder Wahn
und deutsch ist die Freiheit der Autobahn

Ich ließ ihn reden und war ganz Ohr
So stellt sich also Klein Fritz die Löcher
im amerikanischen Käse vor
Ein herziger Nachkriegs-Germane war das
und das mit den Juden war gar nich so wild
»Ihr Amis habt da ein ganz falsches Bild!«
er hat mir dann wortreich angedreht
was er so unter Geschichte versteht:
Der sieht seinen Adolf Hitler an

   – das is kein Spaß! – genauso wie
     wir unseren Südstaaten-General
       vom Bürgerkrieg: Robert E. Lee

War das nun ein Rechter? ein Linker von rechts?
Die Fronten sind wirr in der Alten Welt
Doch das war zum Glück nie mein Drama
Nu schnall dein Pistolenhalfter fester
hey, Mister Revolverheld in Alabama
kauf dir gefälligst mal neue Scharniere
für dein steifes rough-neck-Genick
Es gibt nämlich keine Rechten mehr
schon gar keine echten Linken
es gibt nur brutale Hochkommerei
oder das große Sinken

Ich hatte die letzte Nacht einen Traum
da war ich grad oben in Harlem dabei
beim Zimmerdeckeverputzen
und hab da was lodern gesehn
Ganz Canada sah ich in Flammen aufgehn
Kein Aas hat 'ne Ahnung wer nun da
gefährlich mit Feuer spielt
nur einer weiß es, versteht sich, er
der grade das Streichholz hielt

VIII.

Wohl bin ich ein Gedankendieb, doch nicht
bloß das nich: ein Menschenfresser
der Seelen klaut, kaut und verdaut

Zerstört hab ich, wieder aufgebaut
auf das, was ja nur darauf wartet:
Sogar auf Treibsand errichte ich
sturmfeste Burgen aus haltbaren Wörten
an manchem abgelegenen Strand
Ich bau gern auf das
   was 'n andrer erfand
     und lange
       vor meiner Zeit:
Ein Wort,
   eine Weise,
     'ne Story
       'ne Wendung

Windschlüssel schließen die Sinne mir auf
– ich bin nun mal bißchen platzangstdoof
brauch frischen Aufwind im Hinterhof
Mein Ding ist es nicht, hier rumhängen
tiefsinnig grübeln und Welt anglotzen
kostbare Zeit vergammeln und dreist
niemals gedachte Gedanken denken
nie nicht geträumte Träume austüfteln
Ideen ausbrüten, die kein Mensch je hatte
sich krümmen und spreizen und winden

Wortmonster in die Sprache reinsetzen
ein eitles Drauflos-Erfinden
Und das, Mister, war schon gar nie mein Ding
daß ich zwei Menschen in Reime zwing
die sich nun mal nicht reimen – Nie! Nein!
das wäre im Lied wie im Lieben gemein

Höchste Kunst wie plattes Leben:
Was sich reimt, das reimt sich eben
find ich kein Reimwort, dann reimt es eben nicht
nur für den Stümper sind Reime 'ne Fessel
manchmal dichten die Dichter dichter
manchmal dichten sie gar nicht so dicht
Formfetischisten sind Krümelkacker
Inhaltsfanatiker Seelenraushacker
Nichtskönner fürchten sich vor den Meistern
So 'n Literat auf 'm Schreibtischsessel
ist nicht so einfach zu begeistern

Ob im Schweigen, ob im Schrei'n
Ich will bei meinen Poeterei'n
das bißchen Wahrheit nicht noch verkleistern
niemals den Bruch in der Welt verkleben
denn wie es kommt, so kommt's. Und wenn
nich, dann nich. So dichte ich eben!

Attacken muß ich pariern mit Attacken
muß Schnellfeuertöne spucken
Nur treffende Worte sind Munition

Ich tarn mich mit Melodien, die eingehn
wie alte Lieder, wie Bibelgeschichten
wahrhaftige Lügenmärchen, steinalte
beflügeln mein Herz, damit ich die Weise
nur clever ein bißchen umgestalte
Paar raffiniertere Harmonien
verbarrikadiern mein kleines Versteck
vor all den dämlichen Spießerfressen
die meine Songs gar nicht schlucken wolln
und lieber den Star mit Haut und Haar
roh schlingen als Hauptgericht
Die machen das hier so auf Erden
damit sie am Ende bloß selber nicht
von andern gefressen werden

Ob ich was abgeschrieben hab von andern?
na logo! an die hunderttausendmal
Ich geb ja auch immer mal andern was ab
bin ungeniert im Ideen-Zappzerapp
Ich klau ja nur das, was mir wirklich paßt
Myriaden fremder Töne sind mein Eigentum
Denn alles, was Lied ist, Song, Chanson
kommt uns Menschen her aus dem weiten Meer
Vor Ur-Zeiten gabs noch nicht Zungen, die
Gesänge des Ozeans nachsingen konnten

Das ist mein Trick: Ich zucke
nicht mit der Wimper, wenn ich so olle
Gassenhauer wie Kröten schlucke

Aus der verbrauchten Häßlichkeit
forme ich mir die jungen Schönen
den neuesten Ton erfinde ich euch
aus lang schon zersungenen Tönen
Aus Alt mach Neu – gilt auch für Poeten
und mach mich bloß keiner meschugge
mit Künschtler-Knigge-Benimm-Dich-Regeln
denn gültige Normen gibt es noch nicht
um im Gesang mein Herz auszuschrein
und dabei weiß ich sehr wohl:
Ich bin es, und solche wie ich!

Die auf der Gegenseite? – Die nie!
Wir! und nicht sie. Wir leben und dichten!
Wir stelln uns auf kommende Regeln ein!
    falls überhaupt die nach uns kommen
        sich je nach so Regelkram richten
Also rottet euch ruhig zusammen
    Gedankenschnüffler, Klugscheißer und
        Beckmesser, Denkpolizisten und
            Dummbeutel vom Dienst, ihr
                Mc-Carthy-Kartell im Musenbordell
                    Staatsanwälte für Kunstproduktion
schreibt sauber den Satz euch ins Merkheft ein:
PARAGRAPHENHENGST KANN KEIN PEGASUS SEIN!

Un dann versucht es mal! Nur immer ran!
Nicht uns – euch läuft ja die Zeit davon
Ja, macht die Bühne zum Tribunal!

– dem seh ich mit Grinsen entgegen
mit einem bösen Lächeln
Die Angeklagten nämlich kenn ich besser
als ihr. Und während ihr und euresgleichen
wie der Hund seine eigne Kotze schlingt
und zur Hexenjagd,
   zum Krieg gegen Sänger
     zur heiligen Dichterhatz
       das Tätärätää trompetet
sind wir schon feste und fröhlich dabei
der eine zwitschert, der andere singt
wir pfeifen – und gar nicht aufm letzten Loch! –
wir misten ihn aus euern noblen Saustall
das vaterländische Kriegsgericht
Wir Denk-Deserteure fegen, wir fegen
und spitzen die Ohren
wir zwinkern einander zu wie Ganoven
Nehmt euch in acht,
   in Bälde wird Euch
     der Prozeß gemacht!
Unterdessen
steht Euer Todes-Urteil längst fest:
Ihr müßt mit der Schande weiterleben
Und alles wird euch vergeben, jedoch
nichts wird Euch jemals vergessen
Kennt ihr die Höllen des Dante nicht
   die schrecklichen Terzetten?!
    Der deutsche Jude aus Paris
Heinrich Heine hat euch da eingesperrt

kein Geld und keine Macht der Welt
auch ich kann euch nicht mehr retten!

IX.
Wo eigentlich blieben all die saubren
                    Schmuddelblattverwalter
was trieben all diese Reptilien
                    aus Zeitungsdruckpapier?
Ja, damals bewegte ich mich im Offnen
da war ich noch kein Skandal-Material
für Magazine
Als ich mich rumtrieb, rauf – runter dies Land
die kreuz, die quer auf abgelegnen Straßen
ein Niemand war ich und brauchte nicht viel
Geheimtip: ein fröhlicher Mister Unbekannt
und machte zu Eurem bösen Spiel
gute Miene

Wer weiß, die Menschenfresser machten nur
ein Nickerchen – Siesta im Schatten
und ruhten wie Gott am siebten Tag, wenn sie
ihr Skandalfleisch verschlungen hatten
hoch droben auf dem Journaille-Thron …

Die alten Gerüchte-Nattern verdauen
'ne junge kleine Medien-Maus
Rufmord-Krokodile zerkaun ihre Beute

sie dösen im Zwielicht und klappen lässig
ein Lid hoch, wenn da ein Mensch passiert
erwarten, daß Männer und Frauen
sich bis auf die Nase verbeugen
und im Vorübergehn stammeln:
»Oh, danke, Herr von und zu Schmuddelblatt
hab ich auch brav geantwortet, Herr
auf all Ihre hochinteressanten Fragen?«

Nee, nee, liebe Leute, dis is nich mein Fall:
den Beißbalg spielen für die Pressemeute
Wer tanzt nach der Pfeife von so Reportern!
Ich mach nicht den Affen bei affigen Fragen
's geht nicht nach der Schnauze so eines Wichts
damit er ironisch rülpsen kann:
    »Der Dylan is auch so wie wir: ein Nichts!«

Solche Toturen schenk ich mir lieber!
Daß ihr nix kapiert, das weiß ich
ihr Alligatoren, dämmert ruhig weiter
und späht mal in eure Annoncen rein
im Käseblatt, page dreiunddreißig

Ich bin nicht gern eingepfercht in Gedrucktes
noch eingesperrt gerne in Schädel, die
nur Fastfood schlingen und süßes Geschwätz
ihr Hirn eine Sondermüllkippe für Schund
so 'n Pack ist mit Phrasenfraß zufrieden
ist chronisch krankhaft kerngesund

Und hab'n diese Blinden sich blindgeglotzt
dann kennen sie unsereins ganz genau
nun weiß Lieschen Müller intime Details:
Womit schmiert so 'n Star sich die Stullen
das Frühstücksei, schluckt er es weich oder hart
und liebt der sein' Köter mehr als sein Kind
und welche Klamotten trägt seine Frau
und was sind sonst seine Schrullen

Hier liefer ich also mein Statement, Sir:
Ich heiß Robert Zimmerman, alias Dylan
    Kaue mit falschem Gebiß, schlucke Pillen
        Die Lieder sonder ich ab wie Schleim
            Wenn es mich packt, laufe ich nackt
                Mein Hobby: Ich horte Propellerleim

»Nu mach schon, Bobby, unsre Leser wolln schließlich
    über 'nen Star, der grade steigt
        völlige Klarheit ...«
»Was reden Sie, Sir, mit mir so verdrießlich
    ich bin ein Fiedler, der Arschgeigen geigt
        – das ist sie, die nackte Wahrheit«
»Herr Dylan, Sie sind ein Scherzkeks, genial!
                    Doch jetzt mal im Ernst ...«
»Mehr habe ich, Herr, heut nicht mitzuteilen«
»Es wär besser für Sie, wenn Sie unsern Lesern
                    'ne ehrliche Antwort geben«
»Das klingt ja wie 'ne Drohung«
»Iwo! Mister Dylan, es könnt nur passiern,

da kommt was Peinliches auf Ihr Haupt ...«
»Und welche Strafe droht mir so prompt?«
»Pikante Kolportage über
   Weiber Leiber Zeitvertreiber
      Gigs ohne Gage, Bettenblamage
         Kiffer-Sex mit kleine Mädchen
            egal! Was jeder Leser gern glaubt,
               ho ho hoo! ha ha haa!!
                  und was dem Good-Guy-Image
                     gar nicht frommt«
»Was also konkret, Herr Ho ho – ha ha?«
»Das zeigt sich, Bob Dylan, wenn 's kommt!«

Ich sah
will sagen: Ich hab es durchschaut:
Auch wir liegen wie wir uns betten
Ich haß eure albernen Fragen, sie sind
so bunt wie die Illustrierten und
schwarzweiß wie eure Gazetten
Wenn die ihren Standardleser abfüttern
der nichts von mir wissen will, als daß
der Pop-Star im Grunde nichts anderes ist
als der nette Junge von nebenan
ich werde dem Affen von so ei'm Reporter
nicht auch noch Zucker geben
den solln ihm gefälligst andre
wahnsinnig nette Jungs
aus Mixpickeldorf besorgen

Und wenn sie mich auch schon morgen
fertigmachen und miesgemacht haben
– das kann mich nicht meinen, mich nie beschämen
denn was ich geschafft und geliefert hab
das kann mir kein Lump mehr nehmen

Sie können mich leicht mit Häme beklackern
und in meinem Abfall rumschnüffeln
nach Dreck und Indizien suchen
sie können mich wie einen Gott verehrn
und wie einen Teufel verfluchen
– das soll mich nicht schern
Im Auge ihrer Leser
können sie mich aufbaun zum Popanz
und den dann zerrupfen nach Lust und Laune
am Hals aufhängen oder am Schwanz
meine Unterhosen auf Leine hängen
»entblößen« können sie mich jeden Tag
nach ihrer Fasson
so zeigen halt Blinde den Blinden die Farbe
das Spielchen heißt: »Kiek ma, was ich nich seh!«
– wie lästig und außerdem dämlich:
Es kommt nämlich keiner auf die Idee
daß ich mich selbst radikal »entblöße«
jedesmal wenn ich raus an die Rampe
auf irgend'ne Bühne geh

X.

Nun macht diese Nacht sich mir schnell davon
und hat sie ihn ausgetanzt, ihren Tanz
die schwarzen Gewänder runtergerissen
dann steht sie bleich im Morgengraun
drückt in den Asphalt die Zigarette
steht splitternackt, geniert sich ein bißchen
dann lächelt die Nacht
dreht extra für mich eine Pirouette
sachte, ganz sacht
so wegschleichen sah ich sie viele Male
sie läßt mich zurück, todmüdehellwach
mit tausend verworrenen Grübeleien
im Zwielicht seh ich diffuse Gestalten
Erinnerung überrumpelt mein Herz
aus Traumgespinst und Ernüchterung
– die Freunde kommen mir in den Sinn

An Sue denke ich am allermeisten
die schöne Sue
in guten Tagen
mit ihrem Schwanenhals
leicht in die Flucht zu schlagen
scheu wie ein Reh versteckt im Wald
in tiefe Träume hat sie sich verkrochen
ihr Haar gespreizt wie 'n Pfauenrad
die Farbe fein aus Sonnenblond gemacht
durchnäßt vom Sternschnuppenregen

ihr Haar verströmte ein wonniges Licht
in das Kellerverlies meiner Dauernacht

So fantasier ich mir Lovesongs zusammen
wie 'n elender einsamer Krüppel
kenne trotz alledem sehr wohl meine Macht
zertreten kann ich –
ja, wär ich auf so etwas jemals erpicht
das Herz der Straßenbewohner
das keine andre Krankheit kennt
als Wohlwollen: nackte Freundlichkeit
(nach Liebe fragst du? Wieso?
Im Schweigen nur gibt 's Liebe
und das Schweigen, das redet nicht)

Ach aber Sue. Die kannte mich gut
zu gut vielleicht, sie hat mich durchschaut
Das konnte sie in unsrer Zeit für mich sein
'ne ehrliche Wahrsagerin für meine Seele
die einzige, bild ich mir ein

Was fragst du nach Wahrheit
– die gibt es doch nicht
im Leben nicht noch im Gedicht
und welcher Tor kann schon behaupten
daß er die Wahrheit gepachtet hat!
Im Suff ist sich mancher Sack sicher
Das hab ich nun endlich kapiert:
Romantische Träumereien? – oh ja!

doch tragisch was mir und mit uns hier passiert?
– Ach was! das denke ich nicht

Noch knarrt die Tür
noch heult der Wind
bläst mir Erinnerungen hoch
an Freunde, an Töne, an Farben, an alle
die sich nicht davonstehlen können
für sie war ja das Schlüsselloch
in jeder geöffneten Tür
nur wieder 'ne neue Falle

Und Eric! ... mit seinem Waldschratbart
im fernen Boston, der Eric, mein Kumpel
begraben unter dem Fenster hier
so geht es mir
ausbuddeln möcht ich den Kerl
ach aber ich bin hundemüde
weiß nicht wo ich Spaten und Schaufel finde
es rütteln und schütteln die Winde das Haus
rumpel di pumpel, mit dem isses aus

Der Wind weht mir auch den Geno her
der sabbelt mich voll mit Storys von
so Trotteln, auf die er traf in der Nacht
er trampelt quer
durch meine Bude
und ich muß lachen
trink Kaffee, kalten

dazu dann Wein, schön alten
und dann berauscht es mich fast:

Mit eigenen Ohren höre ich da
wie eine meiner drei Zungen mir
durchgeht wie ein Hengst
ich schnalze und geb ihm die Sporen
er hat mich den falschen Weg gebracht
er schmeißt mich ab
am Ende der Nacht
da klink ich mich wieder ein
paß auf, daß er grad noch die Kurve kriegt
bratsch! knallt die Tür
Auch Geno ist auf und davon
und draußen heult 'ne Sirene los
die lockt mich in eine andere Spur
Ich springe auf und schlag einen Haken
weil plötzlich weit unten Schritte hallen
über das Straßenpflaster, sie kommen dicht
(ich steh als ein Anderer fremd neben mir
und meine Gedanken gehorchen mir nicht)

Jetzt denk ich kopfüber darüber nach
ob in der fünfzehnten Straße wohl
die Kakerlaken noch immer krabbeln
in David und Terris Küche
und frage mich wie ein staunendes Kind
obs noch dieselben cockroaches sind
noch immer die gleichen Gerüche

– denn schließlich ändern sich Zeiten
nur eines blieb gleich:
der David verachtet mich immer noch
er schimpft mich ein' Lesemuffel
doch Terri, die blieb mir gewogen
ihr paßt bloß nicht mein Luderleben
– was soll's, diese Straße ist abgehakt
alle sind längst schon verzogen ...

Liebestoll kreischen die Katzen vom Kiez
miau'n ihren ätzenden Gesang
die haben sich auf 'm Flachdach versammelt
das ist mir Musike! ein geiler Sound
da wird gesungen und nicht nur gerammelt
die blasen ins Blech der Regenrinnen
der Katerblues kommt von tief innen
mein Ohr ist nämlich weit aufgerissen
für niemals zuvor gehörte Töne
ich lausche entzückt, weil ich Katzen mag
ein Silberstreifen am Sound-Horizont
verströmt eine katzige Seelenruhe
und gibt mir den Kick für den kommenden Tag

Ich rappel mich hoch mit einem Gähnen
doch innen drin hämmert der Herzschlag
Ich müd? – Nie und nimmer!
Ich traurig? – Von wegen!
(mensch, wer mich gut kennt: Ich
liefre den Jammerern kein Gewimmer!)

Ich schuldbeladen?
- ach was, nicht die Bohne!

Ich war uralt von Anfang an
hab meine Jugendzeit abgerissen
Und wenn ich von jetzt ab noch paar Jährchen
in meinem verschlissenen Körper wohne
dann werd ich so langsam endlich jung
Hab immer nur redliche Rennen gemacht
und meine Kampfbahn? - Nur! nur die Nacht
mein einziger Konkurrent ist dabei
die Morgendämmerung

XI.
So hüllt zu guter Letzt und immerhin
der Himmel heute sich für mich
ins Grau, ins freundliche
und ich versteh:
Das Grau da kündigt Regen an
vielleicht wird ihn ein Gott als Schnee
heruntersenden
Kennst du mein' Hit: The Times They Are A-Changin?
Auf deutsch gibt's diesen Slogan auch
»Nun muß sich alles, alles wenden«

Ein Wandel kommt nie ohne Vorwarnzeichen
sei es ein Wolkenhimmel, der sich lichtet

sei's 'ne Gewitterwand, die Sturm anzeigt
dann flutet alle Lebenslust zurück
mich mit sich reißend
nie furchteinflößend
am Ende wie ein alter Freund vertraut
Das ist mein Feuer, das Leitlicht für mich:
Über alle Brücken
   durch düstere Tunnel
      die Lebensgier
        läßt mich nie im Stich
          beim Tippeln
            durch tote Straßen

Da hör ich ihn von weitem schon
den Widerhall vom frechen Ton
des Poeten aus Paris: le son
Balladen von François Villon

Ich stolper über Zigarrenstummel
die Brecht als Emigrant in L. A.
mit proletarischer Gebärde
auf Bürger-Steige spuckte

Mein Fuß kickt leergesoffne Buddeln
in die, (von eigenen Worten berauscht)
poetenbestialisch tief
der Brendan Behan guckte

Und jeder übergeschnappte Spruch
von A. L. Lloyd hypnotisierte mich:
Ein einziges Wort im Gedicht bild't sich ein
gleich ganz ein Lied für sich zu sein

Gespinste, zauberzart wie Claytons Paul
sie sich erfindet, machen mich baff
mich überflutet die Tongewalt
im Blasebalg von Madame Edith Piaf

Marlene Dietrich, die ewig Geheimnisvolle
von Eddie Freeman, längst verloschene Gedichte
von Allen Ginsberg Liebeslieder ohne Kuß
und von Ray Bremser knallhart Knastgesichte

Die kummerkargen Stimmungen von Modigliani
der Klartext, wie ihn Harry Jackson nur
zustande bringt. Ich schätze sogar
die schicken Schluchzer von Charles Aznavour

Pathetisch gegen Stalins Erben
tönt bis zu uns der sibirische Tiger
Jewgenij Jewtuschenko blamiert
von Moskau aus auch im Pentagon
all unsre Kalten Krieger

Miles Davis cool im stillen Feuer
filigran gepreßter Ton
vor allem William Blake, wie der die Glocken läutet

und Johnny Cash mit 'ner verrückten Beat-Version
und Seine Dröge Heiligkeit Pete Seeger

ja, sie entzünden alle meine Sinne
halb ziehn sie mich, halb sink ich hin
hinab hinab
Shalom Secundas peijeslockige Broadway-Schlager
Joan Baez ging auf den Markt mit seinem Liedchen
vom Kalb, das auf dem Karrn zum Markte fährt
»Bei mir bistu schejn« – nicht schlecht, jedoch
auch Shoa Fiddle-Jiddelei in bunten Showbiz-Buden
(ob man mich ashkenasisch schimpft oder Sefarde)
macht aus 'm Judenkind noch keinen Juden
Kantor-Gesang aus Synagogen, Gospelchor
A'kadian-Song vom Sheffalaya-Basin
Franz Schubert – Good Old Germany
und Bach, der mir gehört schon seit Geburt
John Brown, Lead Belly, Big Bill Broonzy
– egal. Die Töne überfluten und betäuben mich
wenn's mir in' Kram paßt, trinke ich sie alle und
tauche tiefer ein
ertrink in nie gehörten Weisen, das macht Spaß
Steh fest auf Woody Guthries Schultern, doch
von spät bis früh Protest-Pamphlete ausposaunen
nur nur und nur den Menschenhassern meinen Haß
entgegenbrüllen? – Nein!

Ich mag auch sanfte Rebellion mit Liebesliedern
– die Welt ist aber manchmal gar nicht rund

wahr haben wollt' ichs nie und weiß es doch:
der Knüppel liegt beim Hund

Denn wo Gewalt herrscht, wächst auch Aufruhr
drum! sind meine Wege mir so vorgezeichnet,
gesalbt bin ich und bin gebrannt
bin unverwüstlich elend krank
Bin einer, der ernüchtert und verzückt
mit Rauschbalsam aus Blättern, Blütensäften
mit Dieselöl und Todesröcheln, Blutgestank
aus Napalmbomben in verbrannten Gärten
sah eine sonderbare Frucht im Baume hängen:
ein Mann, der seine Zunge bläkt, den pflückt
sich keiner mehr
weil Gott in seinen Psalmen
mit ausgerissner Zunge spricht
erheben sich, wenn Blumen singen
die Stimmen der Verschütteten, Gequälten
die un-er-hört zugrunde gingen
herauf herauf
und höher, höher
alles was Menschenantlitz trägt
all die Beseelten
egal welcher Glaube
egal welche Farbe
egal welche Sprache
egal welches Land
denn alle lachen und weinen
mit gleicher Zunge, ja, mit der einen

Das Leben rollt nun mal
von einer Spule ab, findet kein Ende
was Lässiges hat jeder Blues
denn alles endet ja in einem Lied
die Riesenwelt ist menschenklein
in eins gemacht aus diesem Klang
und jedes Herz hat seinen beat

Und jedem Menschenkind gehört
sobald es nur endlich zu singen anfängt
der Große Gesang

Ich einsam? – klar, was sonst!
Doch wenn die Blumen
und das Bild der Blumen in dem Spiegel
sich ineinander winden mit den Einsamkeiten
wird meine Einsamkeit un-über-windlich
mir freundlich
dringt in mich ein
in meiner Freiheit Innerstes
und das genau soll mal ...
(im Ton von gestern würde ich
pathetisch sagen: dermaleinst ...)
das Bleibende in meinen Liedern sein

Es gibt so 'n Film, der heißt:
Schießen Sie auf den Pianisten
Und ganz am Schluß, da sagen sie
ein' Satz, der mich bewegt:

»Musik, o Mann, das ist das einzig Wahre«
genau die Worte sagen sie
(dis is ja schon 'ne
        re-li-gi-öse Zeile
ganz gleich, wem grad die Stunde schlägt)
Und draußen schlugen die Glocken
   und
      immer noch schlagen sie

Eleven Outlined Epitaphs
Bob Dylan

I end up then
in the early evenin'
blindly punchin' at the blind
breathin' heavy
stutterin'
an' blowin' up
where t' go
what is it that's exactly wrong?
who t' picket?
who t' fight?
behind what windows
will I at least
hear someone from the supper table
get up t' ask
»did I hear someone outside just now?«
yesterday
an hour ago
it came t' me in
a second's flash
an' was all so clear
it still is now
yes it is
it's maybe hidin'
it must be hidin'
the shot has shook

me up ... for I've never
heard that sound before
bringing wild thoughts at first
ragged wild
numb wild
now though they've leveled out
an' been wrung out
leavin' nothin' but the strangeness
the roots within a washed-out cloth
drippin' from the clothesline pole
strange thoughts
doubtin' thoughts
useless an' unnecessary
the blast it's true
startled me back but for a spell
content with
all pictures, posters an' the like
that're painted for me
ah but I turned
an' the nex' time I looked
the gloves of garbage
had clobbered the canvas
leavin' truckloads of trash
clutterin' the colors
with a blindin' sting
forcin' me t' once again
slam the shutters of my eyes
but also me to wonderin'
when they'll open

much much stronger
than anyone whose own eyes're
aimed over here at mine
»when will he open up his eyes?«
»who him? doncha know? he's a crazy man
he never opens up his eyes«
»but he'll surely miss the world go by«
»nah! he lives in his own world«
»my my then he really must be a crazy man«
»yeah he's a crazy man«

an' so on spangled streets
an' country roads
I hear sleigh bells
jingle jangle
virgin girls
far into the field
sing an' laugh
with flickerin' voices
softly fadin'
I stop an' smile
an' rest a while
watchin' the candles
of sundown dim
unnoticed
unnoticed for my eyes're closed

The town I was born in holds no memories
but for the honkin' foghorns
The rainy mist
an' the rocky cliffs
I have carried no feelings
up past the Lake Superior hills
the town I grew up in is the one
that has left me with my legacy visions
it was not a rich town
my parents were not rich
it was not a poor town
an' my parents were not poor
it was a dyin' town
(it was a dyin' town)
a train line cuts the ground
showin' where the fathers an' mothers
of me an' my friends had picked
up an' moved from
north Hibbing
t' south Hibbing
old north Hibbing ...
deserted
already dead
with its old stone courthouse
decayin' in the wind
long abandoned
windows crashed out
the breath of its broken walls
being smothered in clingin' moss

the old school
where my mother went to
rottin' shiverin' but still livin'
standin' cold an' lonesome
arms cut off
with even the moon bypassin' its jagged body
pretendin' not t' see
an' givin' it its final dignity
dogs howled over the graveyard
where even the markin' stones were dead
an' there was no sound except for the wind
blowin' through the high grass
an' the bricks that fell back
t' the dirt from a slight stab
of the breeze ... it was as though
the rains of wartime had
left the land bombed-our an' shattered

south Hibbing
is where everybody came t' start their
town again, but the winds of the
north came followin' an' grew fiercer
an' the years went by
but I was young
an' so I ran
an' kept runnin' ...

I am still runnin' I guess
but my road has seen many changes

for I've served my time as a refugee
in mental terms an' in physical terms
an' many a fear has vanished
an' many an attitude has fallen
an' many a dream has faded
an' I know I shall meet the snowy North
again – but with changed eyes nex' time 'round
t' walk lazily down its streets
an' linger by the edge of town
find old friends if they're still around
talk t' the old people
an' the young people
running yes …
but stoppin' for a while
embracin' what I left
an' lovin' it – for I learned by now
never t' expect
what it cannot give me

In times behind, I too
wished I'd lived
in the hungry thirties
an' blew in like Woody
t' New York City
an' sang for dimes
on subway trains

satisfied at a nickel fare
an' passin' the hat
an' hittin' the bars
on eighth avenue
an' makin' the rounds
t' the union halls
but when I came in
the fares were higher
up t' fifteen cents an' climbin'
an' those bars that Woody's guitar
rattled ... they've changed
they've been remodeled
an' those union halls
like the cio
an' the nmu
come now! can you see 'em
needin' me
for a song
or two

ah where are those forces of yesteryear?
why didn't they meet me here
an' greet me here?

the underground's gone deeper
says the old chimney sweeper
the underground's outa work
sing the bells of New York
the underground's more dangerous

ring the bells of Los Angeles
the underground's gone
cry the bells of San Juan
but where has it gone to
ring the bells of Toronto

strength now shines through my window
regainin' me an' rousin' me
day by day
from the weariness
of walkin' with ghosts
that rose an' had risen
from the ruins an' remains
of the model T past
even though I clutched t' its sheet
I was still refused
an' left confused
for there was nobody there
t' let me in
a wasteland wind whistled
from behind the billboard
»there 's nobody home
all has moved out«
flatly denied
I turned indeed
flinched at first
but said »ok
I get the message«
feelin' unwanted? no

unloved? no
I felt nothin'
for there was nobody there
I didn't see no one
t' want or unwant
to love or not love
maybe they're there
but won't let me in
not takin' chances
on the ones that come knockin'
should I then be angry?
I feel that the grittin' of my teeth
for only a second
would mean
my mind has just been
swallowed whole
an' so I step back t' the street
an' then turn further down the road
poundin' on doors
lost?
not really
just out lookin'
a stranger?
no not a stranger but rather someone
who just doesn't live here
never pretendin' t' be knowin'
what's worth seekin'
but at least
without ghosts by my side

t' betray my childishness
t' leadeth me down false trails
an' maketh me drink from muddy waters
yes it is I
who is poundin' at your door
if it is you inside
who hears the noise

Jim Jim
where is our party?
where is the party that's one
where all members're held equal
an' vow t' infiltrate that thought
among the people it hopes t' serve
an' sets a respected road
for all of those like me
who cry
»I am ragin'ly against absolutely
ewerything that wants t' force nature
t' be unnatural (be it human or otherwise)
an' I am violently for absolutely
everything that will fight those
forces (be them human or otherwise)«
oh what is the name of this gallant group?
lead me t' the ballot box
what man do we run?

how many votes will it take
for a new set of teeth
in the congress mouths?
how many hands have t' be raised
before hair will grow back
on the white house head?
a Boston tea party don't mean the
same thing ... as it did in the newborn
years before, even the
meanin' of the word
has changed. ha
ha ... t' say the least
yes that party is truly gone
but where is the party t' dump the feelings
of the fiery cross burners
an' flamin' match carriers?
if there was such a party
they would've been dumped
long before this ... who is supposed
t' dump 'em now?
when all can see their threads hang weak
but still hold strong
loyal but dyin'
fightin' for breath
who then will kill its misery?
what sea shall we pollute?

when told t' learn
what others know

in order for a soothin' life
an' t' conquer many a brainwashed dream
I was set forth on records an' books
from the forces that were sold t' me
an' could be found in hung-up style
wanderin' through crowded valleys
searchin' for what others knew
with the eagles' shadows
silent
hungry
watchin' waitin'
from high mountains
an' me just walkin'
butterflies in my head
an' bitter by now
(here! take this kid an' learn it well
but why sir? my arms're so heavy
I said take it. it'll do yuh good
but I ain't learned last night's lesson yet.
am I gonna have t' get mad with you?
no no gimme gimme just stick it on top
a the rest a the stuff
here! if yuh learn it well yuh'll
get an A ... an' don't do anything
I wouldn't do)
and with each new brightnin' phrase
more messy
till I found myself almost swallowed
deep in burden

spinnin'
walkin' slower
heavier heavier
glassy-eyed
but at last I heard
the eagle drool
as I zombie strolled
up past the foothills
thunderstruck
an' I stopped cold
an' bellowed
»I don't wanna learn no more
I had enough«
an' I took a deep breath
turned around
an' ran for my life
shoutin' shoutin'
back t' the highway
away from the mountain
not carin' no more
what people knew about things
but rather how they felt about things
runnin' down another road
an older road
through time an' dignity
an' I have never taken off my boots
no matter how the miles have burnt
my feet ...
an' I'm still on the road, Jim

I'm still sleepin' at night by its side
an' eatin' where it'll lead me t' food
where state lines don't stand
an' knowledge don't count
when feelings are hurt
an' I am on the side a them hurt feelings
plunged on by unsensitive hammers
an' made t' bleed by rusty nails
an' I look t' you, Jim
where is the party for those kind of feelings?
how're the gamblers that wheel an' deal an'
shuffle 'em around gonna be got outa the game?
from here in
beyond this
an' from now on

Al's wife claimed I can't be happy
as the New Jersey night ran backwards
an' vanished behind our rollin' ear
»I dig the colors outside, an' I'm happy«
»but you sing such depressin' songs«
»but you say so on your terms«
»but my terms aren't so unreal«
»yes but they're still your terms«
»but what about others that think
in those terms«

»Lenny Bruce says there're no dirty
words ... just dirty minds an' I say there're
no depressed words just depressed minds«
»but how're you happy an' when're you happy«
»I'm happy enough now«
»why?«
»cause I'm calmly lookin' outside an' watchin'
the night unwind«
»what'd yuh mean ›unwind‹?«
»I mean somethin' like there's no end t' it
an' it's so big
that every time I see it it's like seein'
for the first time«
»so what?«
»so anything that ain't got no end's
just gotta be poetry in one
way or another«
»yeah but ...«
»an' poetry makes me feel good«
»but ...«
»an' it makes me feel happy«
»ok but ...«
»for lack of a better word«
»but what about the songs you sing on stage?«
»they're nothin' but the unwindin' of
my happiness«

Woody Guthrie was my last idol
he was the last idol
because he was the first idol
I'd ever met
that taught me
face t' face
that men are men
shatterin' even himself
as an idol
an' that men have reasons
for what they do
an' what they say
an' every action can be questioned
leavin' no command
untouched an' took for granted
obeyed an' bowed down to
forgettin' your own natural instincts
(for there're a million reasons
in the world
an' a million instincts
runnin' wild
an' it's none too many times
the two shall meet)
the unseen idols create the fear
an' trample hopes when busted
Woody never made me fear
and he didn't trample any hopes
for he just carried a book of Man

an' gave it t' me t' read a while
an' from it I learned my greatest lesson

you ask »how does it feel t' be an idol?«
it'd be silly of me t' answer, wouldn't it ...?

A Russian has three an' a half red eyes
five flamin' antennas
drags a beet-colored ball an' chain
an' wants t' slip germs
into my Coke machine
»burn the tree stumps at the border«
shout the sex-hungry lunatics
out warmongerin' in the early mornin'
»poison the sky so the planes won't come«
yell the birch colored knights with
patriotic shields
»an' murder all the un-Americans«
say the card-carryin' American
book burners
(yes we burned five books last week)
as my friend, Bobby Lee,
walks back an' forth
free now from his native Harlem
where his ma still sleeps at night
hearin' rats inside the sink

an' underneath her hardwood bed
an' walls of holes
where the cold comes in
scared
wrapped in blankets
an' she, God knows,
is kind
an' gentle
ain't there no closer villains
than the baby-eatin' Russians
rats eat babies too

I talked with one
of the songs of Germany
while walkin' once on foreign ground
an' I learned that
he regards
Adolf Hitler
as we here in the states
regard
Robert E. Lee

fasten up your
holster
mr. gunslinger
an' buy new bolts
for your neck
there is no right wing
or left wing ...

there is only up wing
an' down wing

last night I dreamt
that while healin' ceilings
up in Harlem
I sah Canada ablaze
an' nobody knowin'
nothin' about it
except of course
who held the match

Yes, I am a thief of thoughts
not, I pray, a stealer of souls
I habe built an' rebuilt
upon what is waitin'
for the sand on the beaches
carves many castles
on what has been opened
before my time
a word, a tune, a story, a line
keys in the wind t' unlock my mind
an' t' grant my closet thoughts backyard air
it is not of me t' sit an' ponder
wonderin' an' wastin' time
thinkin' of thoughts that haven't been thunk

thinkin' of dreams that haven't been dreamt
an' new ideas that haven't been wrote
an' new words t' it into rhyme
(if it rhymes, it rhymes
if it don't, it don't
if it comes, it comes
if it won't, it won't)

no I must react an' spit fast
with weapons of words
wrapped in tunes
that've rolled through the simple years
teasin' me t' treat them right
t' reshape them an' restring them
t' protect my own world
from the mouths of all those
who'd eat it
an' hold it back from eatin' its own food
(influences?
hundreds thousands
perhaps millions
for all songs lead back t' the sea
an' at one time, there was
no singin' tongue t' imitate it)
t' make new sounds out of old sounds
an' new words out of old words
an' not t' worry about the new rules
for they ain't been made yet
an' t' shout my singin' mind

knowin' that it is me an' my kind
that will make those rules ...
if the people of tomorrow
really need the rules of today
rally 'round all you prosecutin' attorneys
the world is but a courtroom
yes
but I know the defendants better 'n you
and while you're busy prosecutin'
we're busy whistlin'
cleanin' up the courthouse
sweepin' sweepin'
listenin' listenin'
winkin' t' one another
careful
   careful
your spot is comin' up soon

Oh where were these magazines
when I was bummin' up an' down
up an' down the street?
is it that they too just sleep
in their high thrones ... openin'
their eyes when people pass
expectin' each t' bow as they go by
an' say »thank your Mr. Magazine.
did I answer all my questions right?«

ah but mine is of another story
for I do not care t' be made an oddball
bouncin' past reporters' pens
cooperatin' with questions
aimed at eyes that want t' see
»there 's nothin' here
go back t' sleep
or look at the ads
on page 33«
I don't like t' be stuck in print
starin' out at cavity minds
who gobble chocolate candy bars
quite content an' satisfied
their day complete
at seein' what I eat for breakfast
the kinds of clothes I like t' wear
an' the hobbies that I like t' do

I never eat
    I run naked when I can
        my hobby's collectin' airplane glue

»come come now Mr. Dylan our readers want
t' know the truth«
»that is the bare hungry sniffin' truth«
»Mr. Dylan, you're very funny, but really now«
»that's all I have t' say today«
»but you'd better answer«
»that sounds like some kind a threat«

»it just could be ha ha ha ha«
»what will be my punishment«
»a rumor tale on you ha ha«
»a what kind of tale ha ha ha ha«
»yes well you'll see, Mr. Dylan, you'll see«

an' I seen
or rather I have saw
your questions're ridiculous
an' most of your magazines're also ridiculous
caterin' t' people
who want t' see
the boy nex' door
no I shall not cooperate with reporters' whims
there're other kinds of boys nex' door.
even though they've slanted me
they cannot take what I do away from me
they can disguise it
make it out t' be a joke
an' make me seem
the ridiculous one
in the eyes of their readers
they can build me up
accordin' t' their own terms
so that they are able
t' bust me down
an' »expose« me
in their own terms
givin' blind advice

t' unknown eyes
who have no way of knowin'
that I »expose« myself
every time I step out
on the stage

The night passes fast for me now
an' after dancin' out its dance
undresses
leavin' nothin' but its naked dawn
proudly standin'
smilin' smilin'
turnin' turnin'
gently gently
I have seen it sneak up countless
times ... leavin' me conscious
with a thousand sleepy thoughts
untamed
an' tryin' t' run
I think at these times
of many things an' many people
I think of Sue most times
beautiful Sue
with the lines of a swan
frightened easy
as a fawn in the forest

by this time deep in dreams
with her long hair spread out
the color of the sun
soakin' the dark
an' scatterin' light
t' the dungeons of my constant night
I think love poems
as a poor lonesome invalid
knowin' of my power
t' destroy
the good souls of the road
that know no sickness
except that of kindness
(you ask of love?
there is no love
except in silence
an' silence doesn't say a word)
ah but Sue
she knows me well
perhaps too well
an' is above all
the true fortuneteller of my soul
I think perhaps the only one
(you ask of truth?
there is no truth
what fool can claim t' carry the truth
for it is but a drunken matter
romantic? yes
tragic? no I think not)

the door still knocks
an' the wind still blows
bringin' me my memories
of friends an' sounds an' colors
that can't escape
trapped in keyholes
Eric ... bearded Eric
far in Boston
buried beneath my window
yes I feel t' dig the ground up
but I'm so tired
an' know not where t' look for tools
rap tap tap
the rattlin' wind
blows Geno in
tellin' me of Philistines
that he'd run into durin' the night
he stomps across my floor
I laugh
an' drink cold coffee an' old wine
light of feelin'
as I listen t' one of my own tongues
take the reins
guide the path
an' drop me off ... headin' back again
t' take care of his end of the night
slam an' Geno
then too is gone
outside a siren whines

leadin' me down another line
I jump but get sidetracked
by clunkin' footsteps
down the street
(it is as though my mind
ain't mine t' make up
any more)
I wonder if the cockroaches
still crawl in Dave an' Terri's
fifteenth street kitchen
I wonder if they're the same cockroaches
ah yes the times've changed
Dave still scorns me for not readin' books
an' Terri still laughs at my rakish ways
but fifteenth street has been abandoned
we have moved …
the cats across the roof
mad in love
scream into the drainpipes
bringin' in the sounds of music
the only music
an' it is I who is ready
ready t' listen
restin' restin'
a silver peace
reigns an'
becomes the nervers of mornin'
an' I stand up an' yawn
hot with jumpin' pulse

never tired
never sad
never guilty
for I am runnin' in a fair race
with no racetrack but the night
an' no competition but the dawn

So at last at least
the sky for me
is a pleasant gray
meanin' rain
or meanin' snow
constantly meanin' change
but a change forewarned
either t' the clearin' of the clouds
or t' the pourin' of the storms
an' after it's desire
returnin'
returnin' with me underneath
returnin' with it
never fearful
finally faithful
it will guide me well
across all bridges
inside all tunnels
never failin' . . .

with the sounds of François Villon
echoin' through my mad streets
as I stumble on lost cigars
of Bertolt Brecht
an' empty bottles
of Brendan Behan
the hypnotic words
of A. L. Lloyd
each one bendin' like its own song
an' the woven spell of Paul Clayton
entrancin' me like China's plague
unescapable
drownin' in the lungs of Edith Piaf
an' in the mystery of Marlene Dietrich
the dead poems of Eddie Freeman
love songs of Allen Ginsberg
an' jail songs of Ray Bremser
the narrow tunes of Modigliani
an' the singin' plains of Harry Jackson
the cries of Charles Aznavour
with melodies of Yevtushenko
through the quiet fire of Miles Davis
above the bells of William Blake
an' beat visions of Johnny Cash
an' the saintliness of Pete Seeger

strokin' my senses
down down
drownin' drownin'

when I need t' drown
for my road is blessed
with many flowers
an' the sounds of flowers
liftin' lost voices of the ground's people
up up
higher higher
all people
no matter what creed
no matter what color skin
no matter what language an' no matter what land
for all people laugh
in the same tongue
an' cry
in the same tongue
endless endless
it's all endless
an' it's all songs
it's just one big world of songs
an' they're all on loan
if they're only turned loose t' sing

lonely? ah yes
but it is the flowers an' the mirrors
of flowers that now meet my
loneliness
an' mine shall be a strong loneliness
dissolvin' deep
t' the depths of my freedom

an' that, then, shall
remain my song

there's a movie called
Shoot the Piano Player
the last line proclaimin'
»music, man, that's where it's at«
it is a religious line
outside, the chimes rung
an' they
are still ringin'

Der Loon ist die Nachtigall
unter den Enten

Ein paar Notate
während der Transportarbeit am Text
Wolf Biermann

Hier liefere ich meinen deutschen Lesern Bob Dylans »Eleven Outlined Epitaphs« – und das heißt in den deutscheren Singular übersetzt: »Elf Entwürfe für meinen Grabspruch«. Das possessive »mein« soll im deutschen Titel stehn, weil Bob Dylan als junger Kerl natürlich ein Epitaph für seine eigene Beerdigung fabrizieren wollte, der Poet hat da für seinen Tod vorgearbeitet. Es ist lebensklug, wenn man den verbalen Schlußstein fürs eigene Grab, also das letzte Wort, frühzeitig formuliert, und das bedeutet: in einer Lebensphase, in der jeder gemeine Sterbliche sich noch für unsterblich hält.

Dylan schrieb diese Verse November/Dezember 1963. Kaum einer kennt das komplette Poem. Ich – damals in der Ostberliner Chausseestraße – kannte es schon gar nicht. Ich hatte mit mir selbst genug zu tun und lebte zudem abgeschottet hinter dem Eisernen Vorhang in der östlichen Welt.

Vier dieser elf Epitaphe erschienen zuerst 1964, abgedruckt auf dem Cover der LP: The Times They Are A-Changin'. So heißt nicht nur eins seiner bekanntesten Lieder, es liefert zugleich den Titelsong für Dylans dritte Platte. Und die war, das soll der Leser dieser Verse im Hinterkopf wissen,

Dylans letzte Produktion im reinen Folk-Stil, wie ich vom Westberliner Dylanologen Rudi Thissen weiß: »mit einem ganzen Strauß an Songs, die im Movement Furore gemacht haben«.

By the way – manche Deutsche, von diesen und jenen Friedenskämpfen erschöpft, sollten zur Erholung eine kräftige Portion geistiger Nahrung aus dem Werk des Amerikaners Bob Dylan genießen. Wie wir aus seinen Liedern erfahren können, findet auch Dylan Frieden besser als Krieg. Aber ich vermute, daß dieser Poet, geprägt von den Traditionen der amerikanischen Demokratie, einen Befreiungskrieg gegen aggressive Kriegstreiber und Massenmörder viel weniger verabscheuungswürdig findet als einen totalitären Friedhofsfrieden hinter Stacheldraht. Wer weiß, vielleicht täusche ich mich da grotesk. Aber das ist nur der tagespolitische, der vergängliche Aspekt und soll uns nicht die Freude an diesem haltbaren Poem verderben.

Ich bilde mir ein, daß ich Sinn und Form des Werkes einigermaßen lebendig und angemessen frei in mein Deutsch gebracht habe. Hätte ich diese Meinung nicht, würde ich ja keinen Menschen damit behelligen. Ja, Ihr hochkarätigen Kenner und auch Ihr Dylan-Normalverbraucher, ich spekuliere darauf, daß etliche altkluge Kids, so schön jung wie Dylan damals, daß aber auch allerhand junggebliebene Altersgenossen in unserem immer noch zerrissenen Land einigen Gewinn und sogar Genuß an Dylans Dichtung haben.

Als Robert Zimmermann Bob Dylan wurde

Dieses elfteilige Gedicht ist also der erste große dichterische Wurf eines jungen Mannes aus Minnesota. Wenn Bob Dylans Grabspruch-Entwürfe nicht so rabiat und ungehörig wären, würde ich das Ganze ein Poem nennen. Es wurde halb vergessen und bald ganz überflutet von den immer populärer werdenden Songs des Sängers, der ja nach meiner Meinung auch der größte Dichter Amerikas ist.

Es haben neben wahrhaftigen Weltgenies dermaßen viele Schreiber aus mehr moralischem Kalkül den Nobelpreis für Literatur kassiert – es würde die Schwedische Akademie schmücken, würde sie einen Mann würdigen, der kein Moralist ist und den nicht nur seine Fans für den Größten halten. Ich sage es penetrant prosaisch: Dylan ist der Poet dieser Zeit. Nach meiner Meinung ist dieser Bob Dylan noch weit bedeutender als sein Freund, der prägende Dichter der Beat-Generation Allen Ginsberg. Allen sitzt seit ein paar Jahren schon oben auf der Wolke und wartet auf seine jüngeren Zeitgenossen, weil Shakespeare und Brecht mit ihm nicht reden wollen.

Ginsbergs opus magnum »Howl« – also »Das Geheul« – halte ich bei weitem nicht für so herz- und markerschütternd wie das Geheul dieses jungen Hundes Robert Zimmermann, als der grade on the way war, um Bob Dylan zu werden.

Bob Dylans kurvenreiche Karriere haben wir in den verschiedenen Phasen seines Schaffens erlebt und gelegentlich erlitten, wobei dieser Mensch im Laufe der Jahrzehnte in

allerhand extravaganten Facetten und gelegentlich exaltier-
ten Wendungen uns immer wieder foppte, ärgerte, irritierte
und dann doch wieder verführte und entzückte. Dylans
Gedicht-Zyklus ist die kraftvolle, ist eine sympathisch auf-
den-Putz-hauerische Antrittsrede des Weltpoeten an die
Menschheit: So bin ich! So bin ich nicht! So will ich dichten,
aber so auf keinen Fall. Solche Menschen sind mir lieb und
teuer, aber solche finde ich zum Kotzen! So will ich leben, so
will ich sterben. So liebe und so hasse ich. Amen!

Vgl. Jean Paul Sartre: »Wir beurteilen die Menschen nicht
nach dem, was aus ihnen gemacht wurde, ... sondern da-
nach, was sie aus dem gemacht haben, was aus ihnen ge-
macht wurde.« Das klingt auf deutsch so hölzern wie im
Französischen – aber es ist ein treffendes Wort! Womöglich
exekutierte Robert Zimmerman diese Sich-selbst-Macherei
so radikal, daß er sich auch gleich einen neuen Namen
zulegte.

Dylans Background: Dylan Thomas (1914 – 1953)

Der englische Poet Dylan Thomas, Bob Dylans Idol und Namens-
patron, trug seine Gedichte in einem whiskey-walisischen Sing-
sang-Sound ohne Musik öffentlich vor. Das ist die Tonart, an der
ich mich nüchtern orientieren könnte, wenn ich Bob Dylans
Gesänge ohne Musik gelegentlich auf eine Bühne bringe. So son-
derbar melodramatisch »gesungen« hat auch Paul Celan seine
Todesfuge und hat damit manchen Gruppe-Siebenundvierziger
irritiert.

Welcher Dylan-Fan kennt aber diesen Dylan Thomas, der sich zu Tode soff? Seine Schnapsleiche traf sich 1953 mit der Dichterin Hilde Domin im Hotel in New York. Um mich zu trainieren, habe ich mir eins seiner Gedichte in meine Sprache gebracht. Im gedeutschten Titel regelt das Komma den zwielichtigen Sinn der Attacke: »Du, nicht die Anderen ...« oder: »Du nicht, die Anderen ...« Das ist die Raffinesse hier: eigentlich die falsche Auslegung des Wortwörtlichen ergibt den gemeinten Sinn.

TO OTHERS THAN YOU

Friend by enemy I call you out.

You with a bad coin in your socket,
You my friend there with a winning air
Who palmed the lie on me when you looked
Brassely on my shyest secret,
Enticed with twinkling bits of the eye
Till the sweet tooth of my love bit dry,
Rasped at last, and I stumbled and sucked,
Whom now I conjure to stand as thief
In the memory worked by mirrors,
With unforgettably smiling act,
Quickness of hand in the velvet glove
And my whole heart under your hammer,
Where once such a creature, so gay and frank
A desireless familiar

I never thought to utter or think
While you displaced a truth in the air,

That though I loved them for their faults
As much as for their good,
My friends were enemies on stilts
Whith their heads in a cunning cloud.

(1939)

DU NICHT, DIE ANDERN SIND GEMEINT

Freund als ein Feind ruf ich dich aus

Du mit der falschen Münze in der Augenhöhle
Mein Freund, du mit dem Flair, das so entzückt
Hast mir die Lüge angedreht und ohne Scham
Du gafftest auf mein heimlichstes Geheimnis
Gelinkt hast du, gelockt mit Augenzwinkern
Und meiner Liebe Kuchenzahn biß auf Granit
Verschrammt zuletzt, gestrauchelt, ausgelutscht
Du stehst von mir gebrandmarkt als ein Dieb
Im Angedenken, das aus blinden Spiegeln kommt
Und unvergeßlich dieses Lächeln bei der Tat
Die harte schnelle Hand im Samthandschuh
Ach und mein Herz kam unter deinen Hammer
Und warst ja auch mal 'n offnes Menschenkind
Warst froh, zufrieden und vertraut mit uns
Ich hätte nie und nicht einmal im Traum gedacht
Daß du mal Wahrheit bläst wie Dreck in alle Winde

Als ich sie noch um ihrer Fehler willen liebte
Wie auch um dessentwillen was an ihnen Gutes war
Warn meine Freunde lang schon Feinde hoch auf Stelzen
Mit ihrem Kopf da oben in der Wolke des Verrats

Aus Eigennutz

Mich haben Bob Dylans Epitaphe nach dem Katzenelson-Poem und nach der Arbeit an den Shakespeare-Sonetten mal wieder dazu verführt, meinen Geiz zu überwinden und ein ungehörig großes Stück meiner knappen Lebenszeit für solch eine dichterische Transportarbeiterei zu verwenden. Warum? Aus edlem Eigennutz! Es liefert mir Elemente eines amerikanisch verfremdeten Selbstbildes. Das geht uns doch allen so! Warum lesen wir Gedichte anderer Leute? Weil wir – zumindest bei einem guten Gedicht – vergleichen können mit den eigenen Gefühlen und Gedanken und Erfahrungen. Ein starkes Gedicht stachelt an zur schärferen Selbsterkenntnis.

Mich reizte und lockte Dylans frühes Werk, weil es da ganz nebenbei verblüffende Parallelen gibt zu uns in Deutschland, speziell auch zu mir und meiner Situation in genau der gleichen Zeit, Anfang der sechziger Jahre in der DDR. Die gleiche Lebensphase also ganz anders und in einem extrem anderen Land, vor allem: in diametral entgegengesetzten Gesellschaftsformen. Westliche Demokratie und östlicher Totalitarismus mitten im Kalten Krieg. Und trotz dieser Unterschiede zeigt sich eine Ähnlichkeit in den menschlichen Haltungen. Es zeigen sich auch urkomisch die gleichen typischen Posen eines früh vollendeten Anfängers, der den Ehrgeiz hat, der ignoranten Welt eins zu machen.

Songwriter – poète chanteur – Liedermacher

Das ist nun schon ewige vierzig Jahre her, aber dennoch haltbarer als der Schnee vom vergangenen Jahr. Das war 1963! Ich Anfänger hatte zu genau dieser Zeit auch schon allerhand Zeugs zusammengeschrieben, hatte für mich – in Anlehnung an den Stückeschreiber Brecht, also in passender Plebejerpose – die etwas tümliche Berufsbezeichnung Liedermacher geprägt. Aber ich hatte keine Chance im Zwielicht zwischen Auftrittsverboten und bürokratisch kontrollierten Auftrittsgenehmigungen, eine Platte in der einzigen und staatlichen Plattenfirma der DDR zu produzieren, kein Buch, kein Garnichts.

Und anders als in Amerika gab es auch nicht die Tradition des Songwriters oder, wie in Frankreich, den poète chanteur. Wir Deutschen haben statt solcher Traditionen allerdings das, was die Franzosen voller Bewunderung deutsch nennen: »Le lied«. Schubert, Schumann, Loewe, Brahms, Eisler.

Ich war in diesen frühen DDR-Jahren zwar nicht erwünscht – aber auch noch nicht ordentlich verboten. Und so spekulierte ich immer noch auf die Genehmigung für meine erste LP bei unserer einzigen Plattenfirma VEB Eterna / Amiga in vielleicht zwei, drei oder fünf Jahren. Bleierne Zeit.

Mehr Ahnungen als Ahnung

Mein Freund Andreas Oehler ist schuld! Ich sang ihm mein westliches Lied »Gräber« vor, dann das alte Lied vom Ostberliner Hugenottenfriedhof, und da zog er, wie der Zauberer ein Kaninchen aus dem Hut, des amerikanischen Jünglings Grabsprüche aus der Tasche und hielt sie mir mit argloser List unter die Nase.

Als ich nun »Outlined Epitaphs« zum ersten Mal gelesen hatte, dachte ich: Typisch! Dieser Dylan fängt grade damit an, sein eigenes Leben zu wagen, und eröffnet das große Spiel gleich mal mit dem Einsatz: Alles oder nichts. Das kenn ich: So selbstgewiß und allwissend und lebenserfahren redet man nur, wenn man noch wenig Ahnung hat, aber trotz alledem schon ein paar hellsichtige Ahnungen.

Diese rotzfrechen Positionen und Alles-Durchblicker-Posen kenn ich von mir selber: Meine ersten Gedichte, mit denen ich Anfang der sechziger Jahre in Ostberlin ruppig und schüchtern zugleich den Streit wagte, hatten eine ähnliche Anfänger-Gebärde: So issie Welt!!

Selbstfindung und radikale Loslösung

Es tobte damals der Kalte Krieg mit all seinen synchronisierten Riten. Das etablierte Elite-Pack lieferte sich in Ost und West wechselseitig die ideologische Munition. Egal ob ein Liedermacher, wie ich damals, in der größten DDR der Welt hinter dem Eisernen Vorhang auf einer Weißgerber-Gitarre

aus Markneukirchen spielt und einen Schubertschen Terz-
baß unter die Grundharmonie setzt oder ob ein Songwriter
wie Dylan im freiesten und mächtigsten Land der Welt auf
der Folk-Gitarre im Pickingstyle von G-Dur nach »e« in die
parallele Molltonart rutschte – die Haltungen der jungen
Generation auf beiden Seiten des Mondes waren sich ver-
blüffend ähnlich: Zweifel, Widerspruch, Aufruhr, Rebellion,
Selbstfindung, radikale Loslösung.

Ich weiß nicht, wie diese »Loslösung« bei Bob Dylan pas-
siert ist, denn ich kenne die soziale Hühnerleiter und die gei-
stige Landschaft im US-Staat Minnesota nicht, wo er als
Kind geprägt worden war. Wahrscheinlich wurde er so unjü-
disch erzogen wie ich.

Was-wäre-wenn-Gedankenspiel

In meinem frühen Gedicht »An die alten Genossen« (1962)
stehen die finalen Zeilen:

Setzt Eurem Werk ein gutes Ende
Indem ihr uns den neuen Anfang laßt.

In deutsche demokratische Prosa übersetzt hieß das für die
panischen Parteiführer nichts anderes als: Abtreten, ihr ver-
dorbenen Greise!!

Und so provozierte dieses Gedicht einen Skandal, der mir
selbst einen Drive gab im Streit mit den allmächtigen
Schwächlingen des DDR-Regimes.

Was hätte so ein radikaler Einzelgänger wie Bob Dylan gemacht, wenn er durch eine giftige Laune der Götter in der DDR aufgewachsen wäre. Vielleicht hätte er den komplizierten Widerspruch mit den totalitären Bonzen ausgehalten, indem er ihn einfach indigniert ignorierte, mitten in diesem mehr als Dreißigjährigen Kalten Krieg.

»Schlage die Trommel und fürchte dich nicht,
Und küsse die Marketenderin!
Das ist die ganze Wissenschaft,
das ist der Bücher tiefster Sinn ...

Heinrich Heine

Vielleicht reicht es schon, die junge liebliche Frau zu küssen und sie damit womöglich zu einer rabiaten Mutter Courage zu machen.

Gemeinsamer Nenner

Der ewige Aufruhr der Jungen gegen die Alten ist alt wie die Menschheit und kommt schon vom Affenfelsen her. Aber dieser naturgegebene Generationenkonflikt erweist sich bald als ein Brecheisen, mit dem man neugierig noch andere Türschlösser knacken kann, die in die dahinterliegenden verrammelten Räume führen: soziale Konflikte, Kulturhoheit, Besitzansprüche, weltliche Pfründe, Privilegien, Glaubenskriege, Machtinteressen, Klassenkampf, Rassenkampf, whatever!

Altersschwäche und Stärke des Alters

Da hilft keine Augenwischerei: Ich übersetze diese Morgen-
lieder am Abend meines Lebens.

So entsteht eine fast komische Unangemessenheit; der
alte Transportarbeiter Biermann schleppt Säcke voll Wort-
material eines amerikanischen Jünglings ans deutsche Land.

Diese elf Grabspruch-Entwürfe wurden von einem Poe-
ten in die Welt geschleudert, der damals vor Kraft nicht
stehn konnte. Jetzt, beim Eindeutschen dieser Wortkaska-
den weiß ich in jedem Moment um meine starke Alters-
schwäche: Ich werde die Welt mit keinem jugendlichen
Kraftakt mehr aus den Angeln heben. Meine Altersstärke ist
mir dabei aber auch bewußt: Ich sehe inzwischen – was
Wunder! – einiges schärfer als mit kommunistischen Kin-
deraugen.

Dem Friedrich Nietzsche war das Problem offenbar ge-
läufig. Unter dem Titel »Von eitlen alten Männern« schrieb
er:

»Der Tiefsinn gehört der Jugend, der Klarsinn dem Alter
zu: wenn trotzdem alte Männer mitunter in der Art der Tief-
sinnigen reden und schreiben, so tun sie es aus Eitelkeit, in
dem Glauben, daß sie damit den Reiz des Jugendlichen,
Schwärmerischen, Werdenden, Ahnungs- und Hoffnungs-
vollen annehmen.«

Also: Allerhand Tiefsinn hat uns der blutjunge Dylan
geliefert, und ich liefere halt dazu mein bißchen Klarsinn.
Aber so simpel ist es denn doch nicht, weil: richtig alt ist der
Allesverklarer Nietzsche selber nicht geworden. Er hat also

an sich selbst nicht erleben können, was passiert, wenn so ein immer älterer Alter wieder jünger wird.

Jünger werden im Alter

Bei näherem Hinsehn ist das ewig junge Problem des Altwerdens fast ein reziprokes Paradox. Picasso prägte mal ein Bonmot: »Ich brauchte unheimlich viele Jahre, um endlich jung zu werden.« Und Bob Dylan dichtete sich die hinreißenden Zeilen für ein Lied:

But I was so much older then
I'm younger than that now ...

Goya, seine Radierung sah ich im Prado-Museum Madrid: Ein Tattergreis mit schiefem Hut tappt am Stock. Trotzige Unterschrift: »Ich lerne immer noch!« – So soll es sein!!

Wer nie aufgehört hat mit dem Lernen, wen das harte Leben nicht abstumpfte, wer sich noch empören und begeistern kann, wer die Liebe in all den Haßorgien der Epoche nicht verlernt hat, na der wird eben gegen Ende seiner Zeit, »die auf Erden ihm gegeben war«, immer jünger.

In diesem Sinne wird der ältere Mensch wieder schön übermütig, wenn die notwendigen Vernunftsfesseln und Besorgnisse des ausgewachsenen Karrieristen nach der Hälfte des Lebens zusammen mit dem Körper wieder schwächer werden. Der Kreis des Lebens schließt sich, wir dürfen wieder naiver werden und schön unverfroren.

Unsere Bedürfnisse werden womöglich weiser, und so wird der dummschlaue Erfolgsidiot wieder kindlichklug und unbedarft. Wir erobern das, was wir uns schon ängstlich abgewöhnt hatten, ein unverwüstliches, ein neugieriges Wohlwollen.

Elitebesitz und Volkseigentum

Ich fragte gelegentlich genauer nach und habe dabei mein blaues Dylan-Wunder erlebt: nur ein Häuflein Kenner kennt seine Lieder wirklich.

Wer von uns deutschen Dylan-Fans könnte nicht drei oder vier prägnante Zeilen oder den leicht verständlichen Refrain eines der Hits von Dylan auswendig zusammenstoppeln: »Ey. Mister Tambourine … I'm not sleeping, and there is no place to going to …« – oder dieses: »When the rooster crows at the break of dawn / Look out your window and I'll be gone / You are the reason I'm travelling on / But don't think twice, it's allright« – oder seine populärste Zeile: »The Times They Are A-Changin' …«, die populäre Melodie summen wir mit, ab und zu brabbeln wir einen Wortfetzen in der unvertrauten Sprache – aber wer kennt schon und versteht wenigstens den Text eines dieser genialen Lieder ganz? Kaum einer! Und kennerische Witzbolde aus den USA fügen hinzu: Nicht mal wir kennen ihn wirklich, weil kein Aas hier sein manieriertes Genuschel versteht.

Dylan belieferte die Blumenkids

Wir »Jungen Lyriker« haben in diesen frühen sechziger Jahren in Ostberlin im Grunde noch wie brave Kinder gutgläubig und gutmütig wider den Stachel gelöckt, wir kommunistischen Knaben wollten nur mit dem Stock ein paar stalinistische Disteln köpfen. Auch im Osten waren wir noch genauso harmlos wie unser Pendant, die westlichen Blumenkinder. Ich fragte den Kenner Rudi Thissen danach, ob Bob Dylan, dessen Lieder die Blumenkinder so liebten, selbst auch mal eins von den Flowerpower-Kids war: Er schrieb mir: »... die gab es damals 62/63 noch nicht ... das ist der summer of love 1967 in San Francisco, und da befand sich Dylan auf seiner Farm bei Woodstock zur Rekonvaleszenz oder war auf dem Weg nach Nashville (in der kulturellen Geographie der Gegenpol zu San Francisco), um John Wesley Harding aufzunehmen.«

Und weiter: »Dylan wird, wie wir alle, das Bild, auf dem das hübsche Mädchen dem Soldaten der Nationalgarde die Blume in den Gewehrlauf steckt, bezaubernd gefunden haben, aber er würde sich ihr nie identifikatorisch zugerechnet haben. Dylan würde sich zu keiner Zeit in seinem Leben als Blumenkind, Hippie oder ähnliches bezeichnet haben. Ganz früh vielleicht als Freak, Hipster, aber noch sehr früh, schon zur Zeit der Eleven Epitaphs, als Poet. (I'm a poet and I know it, I hope I don't blow it.)«

Aus Sicht der DDR alles Exotik: Hanf und Küsse und freiwillige Protestdemonstrationen gegen den Vietnamkrieg. Che Guevara. Eldridge Cleavers Buch »Soul On Ice« war noch nicht auf dem Markt, und die schwarzledernen Fäuste der Black-Panther-Kampforganisation steckten noch geballt in der Tasche.

Geistliches Lied

Dylans Epitaph-Poem ist im unreligiösen Sinn ein Psalm, die Kampfansage eines zutiefst demokratiegläubigen Rebellen.

Wuchern mit dem Pfund, das man ererbt hat

Bei uns in Deutschland ist die Tradition des Volksliedes abgebrochen. War das wirklich schon im 16. Jahrhundert nach der Niederschlagung der Bauernkriege? Ist in derselben Epoche, als Luther mit der Bibelübersetzung unsere moderne deutsche Sprache geboren hat, der Gesang des Volkes verstummt? Wir haben allerdings statt der Revolutionen und der plebejischen Gassenhauer, wie schon erwähnt, »Le lied« – Die raffinierteste Kunst des Salons. Unser!!! Schubert. Die schöne Müllerin. Das Heidenröslein. Gretchen am Spinnrad. Der Lindenbaum. Die Winterreise. Die US-Amerikaner haben statt dessen einen lebendigen Schatz an working songs, country songs, protest songs und den Blues in immer neuen Mutationen. Big Bill Broonzy. The Weavers. Pete Seeger. Guthrie. New Deal Songs. Die eroberten nie das breiteste Publikum, wie manche Pop-Moden, aber sie waren immer da und wirken. Der junge Bob Dylan war von

Anfang an ein Riese, weil er auf den stärksten Schultern stand, die es gab: Woody Guthrie. Es freut mein Herz, daß er den nicht verleugnet. Auch das liebe ich an diesen Epitaphen.

Mein unerreichtes Vorbild Hanns Eisler distanzierte sich nicht, wie die Parteiideologen es forderten, von dem Komponisten, den die Apparat-Ideologen als bürgerlich dekadent brandmarkten. Der Kommunist Eisler knallte den stalinistischen Kunstdogmatikern in bezug auf seinen Zwölf-Ton-Meister Schönberg trotzig den Satz vor den Latz: Wer seinen Lehrer nicht ehrt, ist schlechter als ein Hund!

Provinz: Eigenschaft des Kopfes, nicht des Ortes

Ich traf in jeder glitzernden Metropole matte Provinztrottel und traf in jedem verschlafenen Kaff wache Weltbürger. Das gilt auch für die Zunft, der Bob Dylan zugehört und von der er sich fernhält.

Es gibt in fast jedem Land und zu jeder Zeit mindestens einen Liedermacher mit neuem Ton, einen faszinierenden »Barden« (so nennen sich die russischen Sängerpoeten), einen umschwärmten Cantautor (so nennen sich die Katalanen vom »Novo Cançó«). Manchmal liefern diesen unverwechselbaren Ton auch außergewöhnliche Interpreten, die anderer Komponisten und Texter Lieder zur großen Wirkung bringen. Ein typisches Billie-Holiday-Lied wie Strange Fruit stammt nicht von dieser Tochter eines irischen Plantagenbesitzers in Virginia und seiner 13jährigen Sklavin, sondern von Lewis Allen (Abel Meeropol). Er schrieb es 1938 gegen die ungebrochene Lynchpraxis in den Südstaaten. Aber es ist für uns alle eben ein Billie-Holiday-Song.

Man findet wahrscheinlich in jedem Winkel der Erde eine originelle und zugleich authentische Lokalgröße, die weltbedeutend ist. Aufregend für andere Völker kann so ein Mensch grade darum sein, weil er sich so vertraut in den engsten Grenzen seiner Tradition bewegt. So kommt es, daß er die Potenz hat, ganz nebenbei auch der Menschheit eins aufzuspielen. Man entgeht der Provinzialität nicht, indem man in eine Allerweltswelt flüchtet.

Elusive Name Dropping

Einige solcher lokalen Lieder-Leuchten haben meinen Weg gekreuzt: Der sogenannte Volkssänger Ernst Busch, auch als Barrikaden-Tauber gefrotzelt. Er hat mich in der frühen DDR mit den Songs von Brecht und Eisler am tiefsten begeistert, und er ließ sich sogar mit einem großmütigen Wohlwollen zu mir herab, seit ich, ein Anfänger, an Helene Weigels Berliner Ensemble engagiert war.

Der russische Sängerpoet in Moskau, ein Georgiersproß im Arbat, Bulat Okudshava, dessen populäres Lied »Ach, die erste Liebe ...« ich schon in Ostberlin ans deutsche Land gezogen habe. Und Dionysos Savoupoulos ist ein griechischer Mond, den Bob Dylan anleuchtet. Von ihm brachte ich das populäre »Lied eines Gefangenen auf schwankenden Füßen« in mein Deutsch. Die Lieder des Chilenen Patricio Manns haben mich entzückt. Der westdeutsche Liedermacher Walter Moßmann war der einzige unter den ost- oder westdeutschen Sängerknaben, der mir imponierte mit seiner schönen Menschenstimme, mit seiner tapferen Menschenhaltung. Der dichtende Gitarrist Daniel Viglietti aus Uruguay ist für mich sowieso der Größte in Lateinamerika, einige seiner Lieder habe ich mehr schlecht als recht ins Deutsche gezerrt. Angel und Isabella aus Chile, die verlorenen Kinder der legendären Violetta Para – wir trafen und verstanden einander auf der Bühne und hinter der Bühne. Mit dem Tschechen Jiri Suchy machte ich artistische Handelsgeschäfte im Sinne der Naturalwirtschaft: Steinbeil getauscht gegen Bärenfell. Soll heißen: Wir brachten uns auf Gegenseitigkeit einige Lieder in unser beider Sprachen.

Den französisierten Griechen Georges Moustaki traf ich, als wir in der neuerkämpften Demokratie im Lande der ältesten Demokratie vor sechzigtausend Menschen im Fußballstadion von Athen sangen. Und ein zweites Mal trafen wir uns im Hinterzimmer einer Kneipe auf dem Montmartre in Paris. Ich traf das abgemaffte Chanson-Monster Serge Gainsborough, und dessen herzerfrischendem Gegenstück Yves Montand gab ich ein Konzert in seiner Wohnung auf der Ile de la Cité in Paris. Der polnische Wyssodski Jacek Kaczmarski, der halbe Bauer und Indianer Atahualpa Yupanqui, aus Toulouse das freche spanische Exilantenkind mit den grauen Haaren Paco Ibanez, der Schwarm der Revolutionstouristen in Westeuropa, Mercedes Sosa, die Katalanen vom Novo Canco nach der Franco-Diktatur: die irdische Muse Maria del Mar Bonnet, der bezaubernde Sonderling Pi de la Serra, der schnulzige Freiheitsengel Louis

Llach und der agitpropige Raimon kreuzten meinen Weg, der holländische Überschwede Cornelis Vreeswijk, die singende Brechtschauspielerin Lena Granhagen vom Königlichen Theater in Stockholm, der Bellman-Nachfahre Sven Bertil Taube, die dänische Drossel Trille mit der Kartoffel im Mund und der Nachtigall im Rippenkäfig. Auch die Amerikanerin Hedy West, die vom Erbe ihrer singenden Großmutter lebt, Mikis Theodorakis, der griechische Touristenmagnet, der chronische Gutmensch-Singer Pete Seeger, die Prinzessin auf der Folk-Erbse Joan Baez und der ruhelose Literat Alan Ginsburg, dessen Singen ein geniales Keuchen war und der sich dabei auf einem primitiven Hand-Quetsch-Harmonium begleitete und dennoch die Banausen in seinen Bann schlug.

Miriam Makeba leuchtete mir ein einziges Mal in Ostberlin, die schwarze Venus aus Südafrika. Sie hatte vor dem Kaiser in Äthiopien, Haile Selassie, gesungen, ihre Kunst wurde von John F. Kennedy genossen, François Mitterand gab sich die Ehre, Papst Jean-Paul II. gab ihr die Ehre, tja und sie sang für uns DDR-Menschen bei den Weltjugendfestspielen Anfang der 70er Jahre in Ostberlin auf dem Alexanderplatz. Nach dem offiziösen Open-Air-Konzert aber traf sie im kleinsten Kreis mit dem verbotenen Liedermacher Wolf Biermann zusammen, der ihr seine Ballade von der Elbe bei Dresden vorsang, ein Gedicht über die Liebe zu einem unersetzbaren Menschen als Quelle der Kräfte, die man braucht, um zu widerstehen im Streit der Menschheit. Jedes deutsche Wort war ihr treu übersetzt worden. Aber den irren, den endlos langen Ton am Ende des Liedes verstand sie auch ohne Dolmetsch: Wir! Wir Unterdrückten, wir haben doch! die längere Puste als ihr Machtidioten da oben.

Aber neben all solchen Sternen am Liederhimmel unserer Zeit ist Dylan die Sonne. Und wo die Sonne am blauen Himmel oder hinter Regenwolken scheint, da leuchten keine Sterne. Dylan ist genial als Dichter, und ich halte ihn auch als Musikanten für einen größeren Erfinder als alle Beatles und Rolling Stones zusammen.

Sonne hin, Sonne her

So hübsche Metaphern am Dichterhimmel haben auch ihre Tücken, man tappt leicht in die Falle des Blödsinns. Eine gelungene Metapher soll ja nicht nur im übertragenen Sinne stimmen, sondern sie taugt nur dann, wenn sie zugleich im niederen naturwissenschaftlichen, hier: im astronomischen Sinne stimmt. Nimm nur den Beteigeuze im Sternbild des Orion. Der ist selbst eine Supersonne, die so riesig ist, daß unser ganzes Sonnensystem mit allen seinen Planeten inklusive der Zwischenräume mehrfach in diesen fernen Stern reinpassen würde.

Kim Ming'Gi – ein koreanischer Bob Dylan

Als Kim Ming'Gi, der Protest-Sänger und Poet aus Süd-Korea, mich in Altona besuchte, sagte ich ihm: Mein Schlager in Deutschland heißt »Ermutigung«. Sag mir bitte: Wie heißt dein populärstes Lied bei den Koreanern?

Er lächelte mit einer irritierenden Höflichkeit, aber dann nannte er seiner Übersetzerin den Titel. »Morgentau«, sagte sie. Und weiter? – Wort für Wort notierte ich mir nun die zwei mal acht Zeilen in einer holprigen Interlinearfassung mit etlichen Mehrfachbedeutungen der Wörter, mit allerhand Hintergrundsinn und geschichtlichen Konnotationen. Und als die beiden wieder weg waren, hörte ich mir die mitgebrachte CD an und baute mir zur vorgegebenen Musik singbare Verse:

Morgentau

Wach wach lag ich die Nacht
Auf Gräsern glänzt der Tau
Der Morgentau glänzt nobler noch
als alle Perlenpracht
Todtraurig schlägt mein Herz
Am Hügel hinterm Haus
Probier ich trotz der Kümmernis
ein kleines Lächeln aus

Blutrot steigt der Sonnenball
Vom Friedhof. Doch erst dann
Zeigt die Mittagshitze an
Ob ich widerstehen kann
Der Weg ist voll Gefahr

wird wüst sein, hart und weit
Und doch: Jetzt laß ich hinter mir
Mein elend altes Leid

Auf den ersten unwissenden Blick kam es mir vor wie eine
kitschige Allerweltspoesie. Aber mit genau diesem schein-
bar unpolitischen Lied sind die Massen in Südkorea auf die
Straßen gegangen gegen die Diktatur. Mit diesem Lied auf
den Lippen starben Demonstranten unter den Schüssen der
Polizei, mit diesem Lied überlebten Oppositionelle in den
Gefängnissen, und mit genau diesem Lied feiern sie heute
ihre Demokratie, die sie sich erkämpft haben.

Ich weiß zu wenig und kenne zu wenig von der Welt, aber
wenn ich – wie die Mathematiker sagen – in der Zahlenreihe
von n auf n+1 schließe, dann weiß ich, daß es solche Lieder-
dichter auch in Japan geben muß, in Indonesien, in Indien
und im Vielvölkerkontinent Afrika.

Dylan sehe ich als Sänger auch im antiken Sinn

Es gibt eine Sorte singender Dichter, die im erhabensten
Sinne Sänger genannt wurden. Es muß ja nicht gleich der
Riese Homer sein. In der Neuzeit wird unsereins aber
von winzigen Salonliteraten leicht verkannt als Plebspoet
der niederen Sorte. Vergleiche dagegen Goethes außerge-
wöhnliche Hochschätzung für den volkstümlichen Pierre-
Jean de Béranger. Seinem klugen Eckermann verdanken
wir diese Kenntnis. Der Sekretär notierte uns Goethes

Begeisterung für den populären Zeitgenossen in Paris. Goethe war selbst ein Stern erster Größe, aber der alte Mann konnte sich an dem Beispiel des jüngeren Zeitgenossen begeistern, der neun Jahre alt gewesen war, als er vom Dach eines Hauses den Sturm auf die Bastille beobachten konnte. Der Weltbürger Goethe bewunderte schon europäisch, wo kleinstaaterliche Armleuchter lieber mißgünstig verdunkeln.

Und dieser Bob Dylan ist ein stärkerer Dichter als der vergleichbar beliebte Popstar der Restaurationszeit Béranger. Dylan wird länger halten, wer weiß: vielleicht sogar so ewig wie unser Urvater François Villon. Aber das kann keiner heute wissen.

Technische Probleme bei der Transportarbeit

Ich habe dem Bob Dylan dieses und jenes, und auch Hölderlins berühmte Zeile »... im Winde / klirren die Fahnen ...« aus dem Gedicht »Hälfte des Lebens« untergeschoben. Manche Stellen im großen Poem habe ich auch verkürzt oder verlängert und bin gelegentlich kleine Nebenwege gegangen. Darf man so was als treuer Transporteur? »Man« darf es womöglich nicht.

Bei Shakespeare füge ich mich ganz und gar, da ist die freiwillige Unterwerfung die einzige Chance echter Freiheit. Jedes Wort ist heilig. Und die Form der strengen Sonette ist das Problemchen, mit dem man fertig werden muß: Frei tanzen in formalen Ketten. Die deutsche Sprache verbraucht mehr Platz als jede englische. Zu vollbringen ist ein Kunststück, das eigentlich gar nicht geht.

Aber Dylans formenwüst hingeschleuderte freie Verse? Da gelten andere Wichtigkeiten, eine davon: die brachiale Lebendigkeit. Ja, ich durfte mit diesem jungen Dylan so eigenwillig umspringen, weil ich vorher das genaue Gegenteil geliefert habe: Jizchak Katzenelsons »Großer Gesang vom ausgerotteten jüdischen Volk«. Dieses Poem über die Shoa habe ich aus dem Jiddischen treu, geradezu penibel, in mein Deutsch gebracht. Bei dieser Transportarbeit habe ich mich nicht versündigt, habe kein Wort weggelassen, nichts dazugetan. Katzenelson liefert uns eine realistische Schilderung seiner Leiden im Warschauer Ghetto: ein historisches Dokument, das seine Beweiskraft aus der Exaktheit gewinnt. Katzenelsons Verse über den Ghettoaufstand brauchen und dulden keinerlei »Farbesserungen« vom Nach-Dichter. Und weil jedes Wort im Poem »Dos lid vunem ojsgehargtn jidischn volk« dermaßen herzzerreißend ist, hatte ich bei Katzenelsons Werk im Gegensatz zur Arbeit an Shakespeare das entgegengesetzte Problem: Nicht die raffinierte Form, es war für mich der erschütternde Inhalt, für den meine Kräfte kaum ausreichten.

Bei Bob Dylan will ich mir solche Ruten nicht über den Rücken binden. Ich bilde mir ein: Der will das auch gar nicht. Will sagen: Darauf rechne ich.

Unter Nachdichtern kolportiert man 'ne saloppe Literatenweisheit: »Eine Übersetzung ist wie eine Frau: Wenn se schön ist, isse nich treu – wenn se treu is, isse nich schön.«

So reden allerdings Schnösel, die weder von Frauen was verstehen, noch von Dichtung.

Dieser Bob Dylan ist noch frisch und frech genug, der freut sich, wenn ein anderer mit seinem poetischen Jugend-Pamphlet nicht penetrant pietätvoll umgeht. Die Epitaphe sind ein wunderbar wildwüchsiger Text, und das soll beim Transfer in unser deutsches Koordinatensystem so bleiben.

Dylans Background: John Donne (1572–1631)

Das Finale des Dylan-Poems ist eine Paraphrase auf das berühmteste Zitat von John Donne, bei dem sich auch Hemingway den Titel genommen hat: Wem die Stunde schlägt.

»No man is an Iland, intire of itselfe; every man is a peece of the Continent, a part of the maine; if a Clod bee washed away by the Sea, Europe is the lesse, as well as if a Promontorie were, as well as if a Manor of thy friends or of thine owne were; any mans death diminishes me, because I am involved in Mankinde; And therefore never send to know for whom the bell tolls; It tolls for thee.« (MEDITATION XVII., Devotions upon Emergent Occasions by John Donne)

Die Stelle kennt mancher. Aber wer kennt dieses brutale und fromme Liebesgedicht des John Donne an Gott – ein Gebet mit brachialer Erotik. Kleine Fingerübung: Wenn ich Dylan übersetzen will, muß ich mein Deutsch auch an solch einem Sonett schärfen:

Holy Sonnet XIV

Mit deinem Rammbock brich mein Herz, Gott mach mir Qual
Dreifacher Sanfter du! Poch nicht nur sachte an
Um mich zu bessern, aufzurichten. Nein! Geh ran!
Zerschmettre! Brenne! So erschaffe mich noch mal

Wie 'ne berannte Stadt in fremder Hand bin ich
Hingeben möchte ich mich dir – doch schaff ich's nicht!
Dein Vize, die Vernunft verfinstert mich mit Licht
In mir ist sie befangen, kneift, läßt mich im Stich

Von Herzen lieb ich dich und bitt: Lieb du auch mich
Verkuppelt wurd ich an dein' Feind. Ich bin bereit
Entbinde mich, los! lös den Knoten! So komm ich

Zu dir. Ja, unterwirf mich, wie nur du es kannst
Du mußt mich fesseln, anders werd ich nie befreit
Keusch bin ich erst, wenn du mich lustvoll übermannst

Shakespeare, John Donne, Dylan Thomas

Wie gut, daß ich bei dieser Transportarbeiterei den Elisa-
bethaner, den Metaphysical Poet, und den walisischen Säu-
fer im Rücken habe. Never forget, wem ich die tiefere
Freundschaft mit diesen dreien verdanke: Hannes Stein.
Der hat mich mit seinen Lieblingen bekannt gemacht. Ich
glaube, so ähnlich steht es irgendwo in Goethes Faust:

»Wenn ich drei Pferde zahlen kann, sind ihre Kräfte nicht die meinen?!« Ich habe jetzt nicht die Nerven, die korrekte Quelle zu suchen, aber egal! – Ich zahle in dieser Währung: Seelengeld. Wenn ich außer meinem Privat-Anglisten Hannes solche Freunde habe wie den englischen Musikwissenschaftler Tom Beck und den amerikanischen Pianisten Richard Hoyes und die literarische Instanz Hubert Witt in Leipzig, dann sind auch deren Kräfte ganz gewiß die meinen.

Was alles an Dichtertradition in diesem Tramp Dylan mit seinen Cowboystiefeln steckt! Jedenfalls mehr gediegenes altes Europa als in uns hier großherzig junges Amerika.

Hätten Meistersinger einen wie Dylan akzeptiert?

Dylan. Wir haben uns nie getroffen. Vielleicht hat Allen Ginsberg seinem Freund aus frühen Tagen mal ein paar Lieder und Gedichte von mir kolportiert. Vielleicht hat auch Joan Baez ihm erzählt, welches politische Dramolett sie in Ostberlin erlebte, als sie mich Anfang der siebziger Jahre traf. Nie werde ich vergessen, wie diese couragierte Frau, trotz all der auffällig unauffällig rumlümmelnden MfS-Spitzel, gegen Mittag in meiner Dichter-Höhle Chausseestraße 131 klingelte und mich Angsthasen dann am Abend über die Friedrichstraße mitzottelte in ein von der Stasi brutal abgeschottetes Baez-Solokonzert im Staats-Kabarett DIE DIESTEL. In dieser kleinen Kiste wurden normalerweise staatlich genehmigte Witze über den Arbeiter- und Bauern-Staat gerissen, dort wurden tote Hunde totgeschlagen in Drachentöterpose, die die Kulturfunktionäre ihren realsozialistischen Hanswursten anlieferten, diesen witzlosen Witzbolden, für die Jerzy Lec seinen Aphorismus prägte: »Ein feiger Satiriker erzeugt nur einen Witz: SICH!«. Aber das ist eine DDR-piefige Kleinkunst-Geschichte und paßt nicht zum Welt-Poeten Bob Dylan.

Nach meiner Meinung, die ich ganz gut begründen kann, ist Dylan mit seinen sechseinhalb Gitarrenharmonien und mit seiner quäkenden und raunzigen Stimme auch der originellste Sänger von uns allen. Mittelalterlich formuliert: er ist der wahre Meister unter den zeitgenössischen Meistersingern.

Der Meistersinger Hans Folz, Zeitgenosse Luthers, forderte von seinen dichtenden Zunftgenossen, daß sie, um wirklich Meister in dieser Zunft zu sein, auch einen unerhört neuen Ton erfinden müssen, an dem man sie sogleich erkennt. In Deutschland sind es Schubert, Schumann und Brahms, Schönberg und Kurt Weill und Hanns Eisler – sie haben genau das geschafft. Aber dies sind reine Tonsetzer, die anderer Leute Gedichte ver-tonen. Der Text selber hat aber auch so was wie einen »Ton«. Nimm nur den klassenkampfromantischen, den lapidar bolschewistischen Brecht-Ton – den erkennt der Laie auch ohne Musik.

Der mittelalterliche Meistersinger, Traktateschreiber und Barbier Hans Folz war der Meinung, daß zum Gedicht (»dicht«) immer auch ein Gesang, eine Weise, eine Melodie gehört, daß also ein unverwechselbar individualer, also ein wirklich ganz neuer Ton (»do«) geliefert werden muß:

dan wer ein dicht besachet
hat keinen do gemachet
der ist gleich
eim, der ein schu an hate
am andern barfous gate ...

Im Poem des blutjungen Tramp Bob Dylan gibt es eine trotzige Stelle über seine Stiefel ... Bei dieser Gelegenheit fiel mir dieser zünftig handwerkelnde Folz ein. Vielleicht waren Dylans Schuhe Anfang der Sechziger verschlissen und durchgelatscht, aber mit einem barfüßigen Bein war dieser Dylan niemals »on the road«. Er stand immer mit beiden Füßen sicher im Garten der Künste und kümmerte sich nicht um Zunftregeln. Dylan hatte schon als Anfänger einen autarken, seinen unverwechselbaren Ton gefunden.

Hölderlin sang auch den Blues

Es würde mich gar nicht wundern, wenn der Brechtkenner Dylan sogar Gedichte von Friedrich Hölderlin kennt, jedenfalls besser als wir hier manche ältere Namen am amerikanischen Dichterhimmel. Sogar über Jahrhunderte erkennen sich Dichter, die einander gar nicht kennen können – sie haben den gleichen Seelenton, egal an welchem historischen Stoff sie sich abarbeiten! Unser deutschester Dichter wußte vor zweihundert Jahren gut, was auf den Baumwollplantagen in den amerikanischen Südstaaten hundert Jahre später ein Blues-Ton sein würde. In Hölderlins nobler Diktion heißt dieselbe schmerzfrohe Haltung: »... Heiterkeit ins Leiden«.

Stern erster Größe am Himmel von Portugal

Der Portugiese Jose Afonso, den seine Leute liebevoll »Seca« nannten, war der populärste unter den CantAutores. Ihm gelang ein gewaltiges Gezwitscher wie keinem von uns Singvögeln in aller Welt. Er sang: eines schönen Morgens im Radio Piep Piep Piep – und prompt stieg der rote Sonnenball einer wirklichen Revolution hoch. Ich meine Afonsos Titel »Grandola, vila morena«. Das war mehr als ein Protestsong. Dieses weiche Lied im Lande des »Fado« hat eine politisch-soziale Revolution gezündet.

Der Aufstand begann am 25. April 1974, als mit diesem Lied das verabredete Signal zum Losschlagen ertönte. Als Afonsos Lied im offiziellen Radio des faschistischen Regimes gesendet wurde, war dies das konspirativ geplante Zeichen für einen revolutionären Putsch in ganz Portugal. Und es funktionierte. Ganze drei Tote kostete der Sturz der Salazar-Diktatur, die immerhin 48 Jahre gehalten hatte.

Wer weiß, im Grunde ist jede Generation so. Wir alle wollen partout weiter, wolln raus aus dem Elend, in das wir hineingeboren werden. So strampeln wir uns ab, um wenigstens ein anderes, ein besseres Elend zu etablieren.

Ein neues Lied, ein besseres Lied
O Freunde will ich euch dichten

Wir wollen hier auf Erden schon
Das Himmelreich errichten

Als Heine 1844 diese berühmten vier Zeilen schrieb, ahnte er
noch nicht, daß das erhoffte kommunistische Himmelreich
hundert Jahre später sich als die schlimmste Hölle erweisen
würde.

Zweifel, Selberdenken, Kritik, Renitenz, Protest, Rebel-
lion, Reformation, Aufstand, Revolution, Resignation, Er-
mutigung. Diese Stufenlogik der Unruhe ist uns eingeboren,
ist einprogrammiert ins humane Gemüt. Wer wollte nicht
gerne sich deutlich einschreiben in das Buch des Lebens! So
oder so ... oder anders ... Also: alle Verhältnisse »umstür-
zen, in denen der Mensch ein geknechtetes Wesen ist« (Mar-
xens schöne, von den Knechten des Maximus-Lenimus zu
Tode zitierte Formulierung).

Und so haben viele Dichter – jeder in seiner Art – das Glei-
che geträumt, gedacht, gepredigt, ausgeschrien oder gesun-
gen. Bei Dylan heißt das: The Times They Are A-Changin'.
Daß Zeiten sich ändern, bedeutet immer beides: Hoffnung
und Furcht. Und immer auch diese verfluchte Unsicherheit,
ob Lieder überhaupt irgend etwas bewegen können in ver-
steinerten Verhältnissen.

Den Liederdichter »Seca« Afonso traf ich, als die von ihm
eingeläutete rote Nelken-Revolution schon wieder kläglich
eingeknickt war. Er aber gar nicht. Er blieb das Symbol der
Hoffnungen. Er ermutigte die Gescheiterten und Desillusio-
nierten mit seinen schwermütig melodischen Gesängen.

Das Beispiel Atahualpa Yupanqui – oder Vom Recht der Weltveränderer, sich selbst zu verändern

Besonders für solche, die die Welt verändern wollen – ich rechne sogar den Einzelgänger Bob Dylan zu diesen allerbesten Verrückten – für uns alle stellt sich auch immer wieder neu die Gretchenfrage: Wie halten wir es mit der Selbstveränderung?

Das Leben des halb indianischen, halb bäuerlichen Atahualpa Yupanqui aus Argentinien ist ein Lehrstück für dieses Problem. Der alte »Don Ata« war der stärkste Gitarrist und Sänger und Liedersammler und Liederschreiber seiner Generation in Lateinamerika. Ich hatte das Privileg, mit diesem schroffen Einzelgänger in respektvollem Abstand befreundet zu sein.

In seiner Jugend hatte er populäre Lieder gegen die verhaßten Yankees geschrieben. Die argentinischen Faschisten sperrten ihn ein und folterten ihn und zerschmetterten im KZ dem Künstler die rechte Hand, die er, Linkshänder wie Jimmy Hendrix, wie Paul McCartney, für das Griffbrett brauchte. Er kam lebend wieder raus und überlebte in jahrelanger Isolation. So wie der legendäre Jazzgitarrist Django Reinhard es nach einer Verbrennung geschafft hatte, gelang es auch Atahualpa, seine kaputte Hand mit neuer Grifftechnik doch wieder flott zu kriegen. Er schrieb sich neue Lieder, aber auch mit denen blieb er lange Zeit kaltgestellt.

Im Jahre 1968, als durch Ost- und West-Europa ein unterirdisch verbundenes politisches Erdbeben ging, gelang es meinem Freund, dem Flamenco-Gitarristen Pedro Soler aus

Banyuls sur mer, den Alten aus seiner argentinischen Höhle zu locken ins Offene: Don Ata gab nun Konzerte in Paris für die jugendlichen Rebellen. Dort probten die Studenten mit dem Anarchisten Daniel Cohn-Bendit grade die Revolte, während, im Sinne von kommunizierenden Röhren, auf der Ostseite unserer geteilten Welt Dubcek und seine libertären Genossen den Prager Frühling versuchten.

Atahualpa Yupanqui trat also nach elend langer Zeit wieder auf. Die Helden der Studentenrebellion waren noch Schulkinder, als Atahualpa Yupanqui eingesperrt war. Sie kannten von den Langspielplatten die Schlager des jungen Atahualpa: Basta Ya! Basta Ya! Yankee mach, daß du wieder nach Hause kommst: Ami go Home auf Spanisch. Genau diese revoluzzischen Schlager wollten sie immer wieder hören. Der Alte hatte aber inzwischen andere Lieder auf Lager, stillere, ernstere, feinere, tiefere. Sie pfiffen ihn aus damit. Als er merkte, daß die jungen Brausekopf-Revolutionäre diese neuen Töne des Alten nicht hören wollten, da hatten sie bei ihm verschissen bis in alle Ewigkeit.

Später, in einem gemeinsamen Konzert mit seinem jungen Freund Pedro Soler in Paris, entspann sich ein grotesker Wortwechsel:

Die beiden Männer sitzen also in der Garderobe unmittelbar vor dem Auftritt. Der Flamenco-Gitarrist soll den ersten Teil bestreiten, nach der Pause gehört die Bühne dem ehrwürdigen Maestro aus Buenos Aires.

Der Alte knurrt: »Pedro, was kosten heute die Eintrittskarten in dem Konzert hier?«

Der Junge antwortet: »Ich weiß es nicht, Don Ata.«

Nun der Alte: »Hoffentlich sind se teuer!«

»Wieso, Verehrtester, sollen sie denn teuer sein?«

»Solln sie! Sonst kommt wieder das ganze linke Pack heute abend!«

Dieser bitterböse Satz ist nur originell und also mitteilenswert, weil er aus dem Munde des bedeutendsten linken Liedermachers Lateinamerikas kam. Und der Grund für seinen Rochus? Es war die Wut auf eingebildete linke Weltveränderer, die ihm das Grundrecht auf neue Wege hatten absprechen, nein: hatten ab-brüllen wollen. Und der Clou dieser Anekdote: Wenn das Wörtchen »links« noch seinen ursprünglich emanzipatorischen Sinn hat, dann war dieser Atahualpa bis an sein Lebensende ein linkerer Linker als seine revolutionsromantischen Kritiker.

Brecht schrieb im kalifornischen Exil:

Sah verjagt aus sieben Ländern
Sie die alte Narrheit treiben.
Solche lob ich, die sich ändern
Und dadurch sie selber bleiben.

Ich habe zu diesem Thema ein Lied geliefert. Das heißt: »Nur wer sich ändert, bleibt sich treu«. Wer mir das Recht auf Selbstveränderung nehmen will, der steht mir mit dem Stiefel auf der Gurgel.

Wenn ich bedenke, wie exzessiv und radikal Bob Dylan sich genau dieses Recht – und zwar immer wieder – genommen hat, dann kann ich mir denken, daß ihm das Beispiel Atahualpa gefallen würde.

Dylan in Deutschland

Von bedeutsamen Konzerten des Dichters Dylan in Deutschland konnte man etliches lesen und einiges aufschnappen von denen, die es selber erlebten. Aber dennoch wuchern die Legenden. Fast jeder erzählt was anderes. Dylan selbst ist ein Grund dafür: er ist so dunkel, er ist so blendend hell, schwer fassbar, nicht einzuordnen, er verführt zum Weiterspinnen und Geschichten-Erfinden. Dylan sang auch am 3. Juni 1997 in Deutschland, ein Open-Air in Berlin. Ich erlebte ihn zum ersten Mal live. Er trat in der »Waldbühne« auf, Amphitheater nahe der Deutschlandhalle und nahe dem Olympiastadion. Endmoränen der Heil Hitler – Architektur. Eine hochaufgeladene Gegend.

Paar Westberliner Freunde hatten mich dort hingelockt, lauter angegraute Dylan-Spezis von Jugend an. Einer erzählte: »Es ist ein Wunder, daß er sich doch nochmal nach Berlin traut, denn hier ist er schon katastrophal gescheitert und wollte niemals wieder auf dieser Bühne stehn. Toll, daß er nun doch gekommen ist« – »Warum wieso?« – »Ooch! Berliner sind schnell ungnädig. Viele wollten damals nicht seine neuen christlichen Lieder hören. Und wer will schon im Dylan-Konzert im Background vier amerikanische Soul-Tussis. Überhaupt wollten die Altfans mehr Lieder mit der Mundharmonika und mit akkustischer Folk-Guitarre.« Ich kann da nicht mitreden.

Woher eigentlich meine Scheu, überhaupt hinzugehn in das Dylan-Konzert?

Und warum ging ich nicht schon früher? Es sind womöglich die Legenden: sein hochmütiger Schutzpanzer, ein genialischer Rührmichnichtan, Allüren des Überdrusses, wer weiß. Bei allen anderen wäre ich nach dem Konzert einfach hinter die Bühne gegangen und hätte Hallo gesagt. Vielleicht war es mein eigener Hochmut, der mich so scheu und bescheiden machte.

Also Waldbühne '97. Die riesige Arena war nicht grade überfüllt, aber doch eher voll als leer. Holzbrettersitze im Halbrund. Viele ältere, aber auch junge Leute. Die Karten nicht billig, ich hatte gute Sicht aufs Ganze. Wir saßen auf halber Höhe, und dennoch zu weit von der Bühne entfernt. Man hätte ein Opernglas mitnehmen sollen. Die Lautsprechergebirge lieferten den satten Sound. Die fünf jungen Musiker der Band spielten ihren Part lässig perfekt, dennoch mit musikantischer Frische. Star Dylan gab mir Rätsel auf. Er kam mir vor wie der Diamant eines Plattenspielers, der alle Rillen schon tausendmal abgespielt hat. Kein Wort zwischen den Liedern. Unnahbar. Zeigt sich da irgendeine Gemütsbewegung?

So weit weg sein Gesicht war, die berühmten Lieder waren auch weit weggerückt von sich selber.

Willkommensklatschen für die alten Hits, aber für mich nur mit Mühe identifizierbar, erst nach etlichen Takten. Ich erkannte paar Titel an markanten Versatzstücken, an den vertrauten Harmonieelementen und an Textresten und Melodiefetzen. Ja, er lieferte das Erwünschte: etliche seiner Welt-Erfolge. Dabei tönte aus des Sängers Kehle keineswegs die korrekte Melodie. Er unterlegte den Text oft nur mit vereinfachten Ein-Ton-Passagen, wobei dieser eine Ton sich ohne Dissonanzen glatt einfügte ins harmonische Grundgerüst. Dylan krächzte in einer Art Melodie-Atrophie oft nur den Grundton der Harmonie, die er grade auf der Gitarre griff. Er intonierte also ein F im F-Dur-Akkord »und ein E im E-Moll-Akkord, vielleicht auch mal die spröde Quinte im Nashville-Sound oder die weichere Schuster-Terz. Er stand neben seinen Liedern, wie der klassische Brechtschauspieler am Berliner Ensemble neben der Rolle.

Das fiel mir auf: Man hörte das Lied trotz dieser Sparversion komplett, denn fast alle hatten die raffiniertere Melodie ja auf der inneren Festplatte gespeichert. Unser eigener kleiner Schädelcomputer lieferte dem Ohr also von innen her genau das, was uns von außen der Künstler vorn an der Rampe über sein Mikrophon nicht liefern wollte oder grade nicht konnte – wie soll ich das wissen.

Warum, dachte ich, diese extreme Reduktion aufs Wesentliche? Und was sollte bei solch radikaler Minderung das so genannt Wesentliche sein, wenn dabei nur das rhythmisch-harmonische Skelett vom eigentlichen Lied übrig blieb? Dylan lieferte uns kaum Haut, kaum Haar, kaum lebendes Fleisch auf das Knochengerüst seiner Hits.

Man gerät ins Gründesuchen. Vielleicht ödeten und ärgerten ihn schon die eingefressenen Phrasierungen des Originals. Dennoch wurde genug Stoff geliefert, das Publikum goutierte diese sonderbare Weglasserei. Ich glaube die verschärften Kenner genossen dabei sogar ihren Vorsprung. Dylan ging mal wieder andere Wege, aber sie! konnten mühelos folgen, wo die Dylan-Banausen auf der Strecke blieben.

Sowas kann man sich allerdings nur leisten mit einem extrem populären Lied, einem, das genug zahlende Gäste komplett kennen. Vielleicht wollte Dylan mit dieser sparsamen Interpretation jeden einzelnen seiner vertrauten Zuhörer in eine Art stummes Mitsingen locken.

Dem Brecht hätte solch eine Verfremdungstechnik wohl gefallen.

Aber das Gesicht des Sängers beim Singen wollte ich doch mal sehen. Also drängelte ich mich gegen Ende des Konzerts ins Getümmel direkt vor der Bühne, runter zu den Hardcore-Fans.

Ein schönes hageres Gesicht sah ich nun, streng, markante Furchen, Pokerface. Nee, das war da keine Rummelplatzbude für die Besichtigung echter Gefühle gegen Eintrittsgeld. Dylan wirkte abwesend, fast wie abgetaucht in andere Welten. Aber fast jedesmal nach einer zu Ende gesungenen Phrase in jeder Strophe bleckte er mechanisch die Zähne und zog die Mundwinkel hoch zu einem maskenhaften Clowns-Lachen ohne Lachen. Es war ein Standard-Signal, das wie auf fünfzig Meter Entfernung berechnet war, also sonderbar maniriert. Was sollte das bedeuten: Etwa Stolz? Aggression? Trotz gegen irgendwelche Traurigkeiten? Politische? Private? Weltschmerz? Resignation? Verachtung? Scheu? Show? Pose? Manier? Masche? Haltung? Ich kam nicht dahinter und dachte dann: Wozu auch, was geht's mich an. Wir wollen die Lieder hören und nicht in des Sängers seelischen Eingeweiden lesen. Sein Gesicht sendet eine einzige message zu den Tausenden Gesichtern: Pfoten weg!

Der Amerikaner in Germany: Gerüchte, Legenden, Tatsachen

Ich kann sie kaum auseinander halten, bin kein Dylanologe, werde nie einer. Aber daß dieser Ami in Deutschland nicht ahnungslos wie Daniel in der Löwengrube rumtappte, zeigen wahre wie erfundene Geschichten.

Peacenik? Kriegshetzer?

Zeit des Vietnamkrieges. Ich war gegen diesen Krieg und bin es aus heutiger Sicht noch. Dabei konnten wir damals alle wissen, daß da nicht einfach die Guten gegen die Bösen kämpften. Die Vietnamesen im Norden und im Süden waren nur Waffen aus Menschenfleisch in den Händen der beiden Supermächte, die um die Vormachtstellung in der Welt kämpften. Dylan war diese Kompliziertheit offenbar bewußter als zum Beispiel seiner Verbündeten Joan Baez. In England und zuhaus in den USA trat Dylan damals demonstrativ mit einer riesigen US-Fahne auf. Er wurde beschimpft dafür. Joan Baez lieferte damals das Wort: »Sag Ja zu denen, die Nein sagen!« Dylan offenbar ganz anders. Viele deutsche Fans dachten: Dieser Dylan ist für den Vietnamkrieg. Da hatten fundamentalistische Friedenskämpfer mal wieder ein Problem mit ihrem Idol.

Todesanzeige

Es stimmt: ausgepfiffen wurde er von den Berlinern. 1978 in der Deutschlandhalle. Er hatte nicht mehr den echten Dylan geliefert. Elektrische Gitarre, Rockband, Vietnamkrieg, eins kommt zum andern. Das war ein Schock für ihn. Zwei seiner vier background-singers waren Schwarze. Als die eine dann auch noch ein souliges Solo einlegte, wurde sie ausgebuht und niedergepfiffen. Dylan entsetzt: »Sind diese Deutschen immer noch Rassisten?« – Nein. Die wollten für ihr Eintrittsgeld einfach nur den guten alten Dylan: das ist der nette Tramp mit Mundhobel und Klampfe. Der Manager: »Es war ein Konzert der Mißverständnisse«

Die Quittung für Dylans Verrat an Dylan kam am folgenden Tag. In dem West-Berliner Szeneblatt »tipp« erschien eine makabre Todesanzeige:

Nach einem weitgespannten und erfüllten Leben
entschlief am 29. 6. 1978 sehr laut,
doch nicht ganz unerwartet,
unser herzensguter Sänger,
lieber und treusorgender Komponist,
unser unvergessenes Idol
Bob Dylan.
Fassungslos nehmen wir von ihm Abschied.
Wir werden ihn nicht vergessen.
Wir werden's ihm nicht vergessen.
In stillem Zorn und tiefer Trauer.
Die Hinterbliebenen. Berlin, im Juni 1978

Der kleine Witz an diesem großen Zynismus: Die Hinterbliebenen sind tot, der Tote lebt. Oder besser pathetisch selbstzitiert: »Wie nah sind uns manche Tote, doch / Wie tot sind uns manche, die leben.«

Dylan in Nürnberg

Nur zwei Tage nach seiner Berliner Beerdigung gelingt dem Lebendigen ein Höhepunkt seiner Welt-Karriere in Nürnberg, also ausgerechnet in der »Hauptstadt der Bewegung«. Fritz Rau hat sich da wirklich was ausgerechnet: er hatte das Gelände der Reichsparteitage angemietet. Für dieses Dylan-Konzert kam dem Impresario zum Glück die Idee, für dieses besondere Konzert die Bühne auf der Rückseite des riesigen Feldes aufbaun zu lassen. So drehten denn die 80 Tausend deutschen Landeskinder der Lieblingsbühne des Führers den Rücken zu, und Dylan mußte nicht dort singen, wo einst Herr Hitler seine Haß-Arien gebrüllt hatte. Dylan genoß dieses kluge Arrangement.

Der alte klapprige Champion Jack Duprée wurde mit einem Klavier auf die leere Bühne geschoben und begeisterte mit seinem Boogie-Blues die Massen. Dann machte Eric Clapton die Leute heiß. Gefährliche Regenwolken über dem Zeppelinfeld. Als endlich Dylan auftrat, kam wie in einer Theaterinszenierung die Sonne wieder durch. Auch abgebrühte Atheisten konnten selber sehn: Gott war offensichtlich an diesem Konzert beteiligt, als Kulissenschieber im Himmel mit dem richtigen timing. Dylan sang wie befreit, er sang sich den Frust aus Berlin von der Seele, es dauerte dreieinhalb Stunden.

Etliche Europäer kultivieren, seit dem letzten Golfkrieg verstärkt, ein Vorurteil, das schon immer blödsinnig war und deshalb unverwüstlich hält: Diese primitiven Amerikaner haben keine Kultur, keine Geschichte, sie sind vergangenheitsvergessene Fastfoodfresser, In-den-Tag-hineinwursteler ohne historisches Bewußtsein.

Das! ist der dumpfbackige Hochmut der indignierten Gartenzwerge in den politischen Schrebergärten und Metropolen des alten Europa. Gewiß: Idioten sind immer auf alle Völker gerecht verteilt. Aber bei näherem Hinsehn differenziert sich diese Faustregel dann doch.

Die Europäer haben keinen Grund auf »die Amis« dermaßen selbstbegeistert herabzublicken. Der Zorn über solch einen Hochmut treibt einen leicht in die dazu passenden Gegendummheiten. Was könnte man solchen fast schon genetischen Amerikahassern in Europa entgegenhalten? Die berühmte Französische Revolution, auf die wir uns so viel einbilden, war eine geistig-moralische Kopie der amerikanischen! In Europa wimmelt es nicht grade von Freiheitshelden im Vergleich zur Neuen Welt. Hier in der alten Welt wirkte jahrhundertelang, wie eine schleichende Verödung, eine stillstetige statistische Auslese, keine genetische, sondern eine kulturelle. Es waren doch meistens mehr die Tapferen als die Kriecher, mehr die Neugierigen als die Langweiler, mehr die Abenteurer als die Gemütlichen, es waren mehr die Erfindungsreichen als die Angepaßten, mehr die Rebellen als die Mucker, mehr die Stolzen als die Unterwürfigen, und es waren – denke nur an die europäischen Juden – viel mehr die Verfolgten als die Unterdrücker, es waren mehr auch die Gescheiterten als die Etablierten, es waren natürlich zudem die wendigsten Gauner und die windigsten Glücksritter, die nach Amerika auswanderten. Es waren vornehmlich solche Frauen und Männer, die, oft mit dem Mut der Verzweiflung, sich immer wieder in den diversen Schüben einer Völkerwanderung über den Atlantik in die Neue Welt aufgemacht haben. Diese einstmaligen Iren, Schotten, Engländer, Hessen, Bayern, Ostpreußen, Sachsen, Polen, Russen, Spanier, Franzosen, Italiener sind, zumindest im Durchschnitt, lebensklüger und geschichtsbewußter und solidarischer und großherziger als viele selbstgerechte Amerikahasser in Europa.

Und die Sklaverei? Natürlich eine Schande! Aber wessen Schande? Allein eine Schande »der« Amerikaner? Es waren vornehmlich afrikanische Araber, die das schwarze Menschenfleisch an die Sklavenhändler verkauften. Und es waren dann im 19. Jahrhundert die Weißen in den Nordstaaten, die im amerikanischen Bürgerkrieg einen hohen Blutzoll zahlten, um diese verfluchte Sklaverei abzuschaffen. Und daß sie es nicht nur aus Moral taten, sondern weil die moderne Industrie freie Lohnarbeiter brauchte, mindert nichts an diesem Akt der schmerzhaften Selbstbefreiung.

Dabei sind die USA stark und autark wie kein Land sonst. Dennoch habe ich in den USA immer wieder gemerkt: Diese geschmähten Amis haben trotz aller Borniertheit an der alten Welt mehr wohlwollendes Interesse und besitzen zu den europäischen Kulturen, aus denen sie einstmals kamen, mehr emotionale Wurzeln, sie haben von der alten jedenfalls mehr lebendiges Wissen als wir von der neuen Welt. Ich wollte nur sagen: Mir ist dieser Bob Dylan europäisch genug.

Respekt vor anderen können nur Leute empfinden, die sich selbst kennen und achten. Fast alle Westeuropäer und alle Osteuropäer verdanken den USA dermaßen viel, daß es kaum zu ertragen ist für schwache Charaktere und Kleingeister.

Dylan, der Maskenmann

Rudi Thiessen formulierte in einem Essay über Dylan: »Je mehr er sich zeigt, desto mehr bleibt er uns verborgen.« und fragt: »Wann war Bob Dylan wer?«

In seinen »Seher-Briefen« schreibt Dylans Bruder Arthur Rimbaud über sich selbst eine Art Steckbrief zum Niemalsentdecktwerden:

»Je est un autre«, zu deutsch: Ich ist ein anderer.

So wendet Rimbaud sich ab von den Musen. Dylan erobert sie in jeder Maske neu.

Psycho-Physik

Daß durch jeden kompletten Menschen ein tiefer Riß geht, wußten wir schon vor Georg Büchner. Jeder Talmud-Schüler lernt es: »Was ist ganzer als ein zerrissenes Herz!«

Vielleicht ist alles auch viel banaler. »Der Dylan ist eben

introvertiert« erklärte mir ein Dylankenner. – Dann wäre ich also extravertiert? – Ja! Aber das ist auch nur so Quacksalber-Psychologie. Dafür, daß er dermaßen introvertiert sein soll, explodiert er bißchen viel. Wenn eine Fernsehröhre implodiert, fliegen einem die Glassplitter auch um die Ohren. Und ich extravertiere eigentlich mehr nach innen. Man kann nicht jede Seelenschiefheit aus den Verhältnissen ableiten.

Warum

Ich kann nicht erklären, warum mir dieser schwärmerische Satz so gefällt:

»Den Bob Dylan kannst du nicht begreifen. Den kannst du nur bewundern.« Sein deutscher Konzertunternehmer Fritz Rau sagte das, nachdem ich in unserem Gespräch zu oft »warum warum« gefragt hatte.

Abermals Warum

Warum hat Bob Dylan sich das angetan und ist bei seiner Tournee 1978 im restaurierten Salon-Eisenbahnwagen von Hermann Göring von Konzert zu Konzert durch Europa gefahren, also von Berlin nach Nürnberg und dann sogar nach Paris, im Nazi-Waggon! Ist das nicht pervers? – »Meine Idee wars nicht!« sagt Fritz Rau. »Das hat sein Management von den USA aus so organisiert. Ja, verrückt! Man kann dieses Teil bei der Bundesbahn mieten. Der

Wagen wurde dann immer termingerecht an reguläre Linienzüge angekoppelt.«

Und Rau weiter: »Aber es hatte auch was Gutes: Der Soziologe Günther Amendt hat Bob auf allen Strecken als mein Security-Officer begleitet. Es war für ihn eine wunderbare Gelegenheit, mit diesem verschlossenen Menschen über vieles zu sprechen. Ich kenne keinen, der so genau und so tief über Bob Dylan Bescheid weiß. Alles, was ich Dir über Bob sagen kann, mußt du bei Amendt nochmal nachfragen, zur Sicherheit.

Bob Dylan in der DDR

Das war zwei Jahre vor dem Fall der Mauer, also zu einer Zeit, als wir alle ganz genau wußten, daß die DDR noch ewig existiert: Dylans englische Manager hatten ihn nach Ostberlin verkauft. Er geriet also in ein offiziöses Friedenskonzert der DDR-Militaristen. Open-Air auf den Treptower Festwiesen in der »Hauptstadt der Deutschen Demokratischen Republik« am 17. September 1987. Der amerikanische Mietkünstler sah nun die dressierten Blauhemd-Kolonnen der Staatsjugend vor sich. Dylan roch die Heuchelei dieser totalitären Friedensfreunde, er durchschaute die Verlogenheit der Situation. Also kürzte er sein Programm, riss ein paar Titel runter und machte sich davon.

Aus der Perspektive von heute muß man die Mehrdeutigkeit solch eines Versuches festhalten: Natürlich wollten die diktatorischen Bonzen des Regimes sich mit Weltstars aus dem Westen schmücken. Aber zugleich war so was immer auch gefährlich für die Herrschenden. Wer da mehr gewann, mehr verlor, ist schwer zu sagen. Naiv womöglich – aber falsch waren solche Versuche eines Brückenschlags nicht.

Enigma-Maschine I.

Für mich eine Frage: Warum verrätselt Dylan sein Leben durch Legenden, warum legt er so oft falsche Fährten in den Texten, warum verschanzt er sich hinter seiner unnahbaren Attitude auf der Bühne. Es kann kaum ein Reflex auf den Weltruhm sein und ist wohl nicht nur die Flucht vor den Fans, nicht nur ein Selbstschutz vor den Krokodilen und Schlangen im Bestiarium der Medienwelt.

Bob Dylan übte dieses Verstecken schon von Anfang an, als er ein pickingstyliger Nobody war. Mir fällt auf, daß ich – auch andere offene Widersprecher meinesgleichen aus dem Ostblock – von Anfang an das genaue Gegenteil bin: Ich wollte immer und will noch heute, alles Persönliche – und schon fast penetrant übertrieben – sichtbar machen, überdeutlich, ja sogar gefährlich blöde: eindeutig. Die interessanten Vieldeutigkeiten sollen in der Kompliziertheit und lebendigen Widersprüchlichkeit der realen Dinge selbst liegen, aber nicht unbedingt in der Person des Poeten.

Solch eine Differenz zu dem Beispiel Bob Dylan kann nicht nur am Unterschied der Charaktere liegen, oder eine Image-Masche sein, oder begründet etwa in verschiedenen ästhetischen Vorstellungen über die Rolle des ICH in der Dichtung. Das hat womöglich seine Ursache auch im Gegensatz der politischen Koordinatensysteme, in denen wir geprägt wurden. In der offenen Gesellschaft eines demokratischen Staates schleifen sich andere Reflexe ein als in einem totalitären Regime. Die Demokratie will die Identität der einzelnen Menschen nicht zerstören, sie ist ein verankertes Menschenrecht, das zwar immer wieder neu gefährdet wird, aber dennoch im Grundsatz unangetastet bleibt. So jedenfalls dachte der junge Dylan, als er dieses Poem schrieb.

Also kann es sich der Einzelne in einer demokratischen Gesellschaft leisten, seine Identität zu enigmatisieren. In einer Diktatur verhält es sich damit wie seitenverkehrt: Das Regime will die Individuen entkernen, will die Untertanen entpersönlichen. Die Allesbeherrschenwoller machen dem Einzelnen seine unverwechselbare Identität streitig. Kein Wunder, daß in solch einer orwellschen Welt viele Menschen, die Dichter unter ihnen gradezu wildverzweifelt, um ihre ein-ein-deutige Identität kämpfen, wie Ertrinkende, die strampeln und nach Luft schnappen.

Solche Überlegungen sind eine Paraphrase zur Totalitarismus-Theorie. Aber auch nur ein Aspekt, womöglich sogar ein Holzweg. Apropos Holzwege … das Heidegger-Wort hat eine so negative Bedeutung in der deutschen Alltagsprache, obwohl es doch den Weg in den Wald bezeichnet, wo man brauchbares Holz findet, das man auch gut abtransportieren kann.

Enigma-Maschine II.

Die Nazis hatten sich die berühmte und gefürchtete ENIGMA-Verschlüsselungsmaschine erfunden, die Tausende Soldaten und Seeleute der amerikanischen und englischen Armeen im Zweiten Weltkrieg das Leben kostete. Als die Engländer endlich den Code der Nachrichten-Übermittlung geknackt hatten, war es aus mit der Überlegenheit deutscher U-Boote im Atlantik.

Enigmatische Lyrik ist ist mir suspekt. Mehr noch als Studentenfutter, ist sie ein beliebtes Futter für Professoren. Der Lehrer kann sich als Pfadfinder spreizen mit seinem Insiderwissen.

Auch eine Verschlüsselung: In der Demokratie kann der Künstler von Managern gekauft werden, als Ware gestylt und vermarktet und aus Geschäftsinteresse manipuliert werden. Bei Dylan habe ich gar nicht das Gefühl, daß er sich instrumentalisieren läßt.

Besser Bescheid weiß ich in der Diktatur. Da sind viele Schriftsteller wahre ENIGMA-Maschinen. Zu deutsch: Sie schreiben in Sklavensprache oft dermaßen raffiniert verschlüsselt, daß nicht mal die Sklaven es verstehen. Allerdings: Die Unterdrücker verstehen zumindest die wichtigste Botschaft: Der wird uns nie gefährlich!

Bob Dylan und Joan Baez

Der deutsche Impresario verpflichtete Bob Dylan, Joan Baez und Santana zu einer Deutschland-Tournee. Hatte man dem Dylan von dieser heiklen Kombination bei Abschluß der Verträge nichts gesagt? Fritz Rau ärgert sich heute noch über diesen vermeidbaren Fehler. Ja, sagt er, Joan Baez, die ich so sehr liebe und bewundere, hatte den Wunschtraum, sie wollte nach langer Trennung unbedingt mal wieder mit Bob auf einer Bühne stehn.

Den aber ärgerte diese übergriffige Zusammenführerei. Gründe wird's geben, sie gehen keinen was an. Und ich will davon nichts wissen müssen, warum Dylan von ihr nichts wissen wollte. Eins dieser Konzerte mit der falschen Konstellation fand bei mir umme Ecke im Fußballstadion des FC St. Pauli in Hamburg statt. Dylan zwang dann den Manager, die Freundin aus früheren Tagen als Erste auftreten zu lassen. Nach Joan Baez waren dann die Jungs von Santana dran, als eine Art emotionaler Stoßdämpfer. So spielte Dylan anschließend seine Titel lustlos runter, sprach kein Wort mit seiner hinreißenden Freundin aus den frühen Jahren, gönnte ihr keinen Blick auf der Bühne und drehte ihr demonstrativ vor dem Publikum den Rücken zu.

Dylan, Beatles, Stones

Das Nest, in dem es ausgebrütet wird, kann kein Ei sich aussuchen. Was sind eigentlich die soziologischen back pages von Robert Zimmermann? In die simpel-marxistische Falle des murxistischen Determinismus darf man da nicht tappen. Von wegen: »Das Sein bestimmt das Bewußtsein.« Das klingt so lapidar und unumstößlich wie ein endlich erkanntes Naturgesetz. Aber welches Sein? Was sollte da überhaupt das »Sein« sein?

Dylans Vater war ein kleiner Kaufmann, ein Eisenwarenhändler. Na und?! Die Eltern, Juden aus Polen, wanderten 1931 ein in die USA. Zehn Jahre später wurde Bob geboren. Er müßte also auch die Vatersprache Polnisch verstehen, vielleicht sogar die Muttersprache Jiddisch. Womöglich hat auch dieser Familienhintergrund sein Englisch so außergewöhnlich stark und reich gemacht. Dylans Großvater soll in Polen ein Kino betrieben haben. Aber was sagt all das schon.

Als der junge Bob Dylan sich aufmachte in die großen Städte nach Süden, legte er sich diverse Legenden zu über seine Herkunft. Eine davon: Er sei ein Tramp, ein entwurzelter Hobo, ein Outcast, verstoßen aus einer reichen Rechtsanwaltsfamilie.

Die Menschen sind eben doch nie das platte, das lineare Abbild ihrer Herkunft. Denk an The Beatles und The Rolling Stones. Ausgerechnet die feineren Beatles kommen aus dem verrotteten Industriekaff Liverpool, Arbeiterkinder, die immerhin schon aufs Gymnasium gehen konnten, genuin urenglischer Plebejer-Adel, dessen Universität die Straße war. Diese upper Underdogs wurden dann Mitte der sechziger Jahre, auf dem Höhepunkt ihrer Berühmtheit, von der englischen Königin geadelt. Die gröberen und ruppigen und proletigen Rolling Stones aber sind eigentlich rebellische Mittelklasse-kids aus der Hauptstadt London. Der Vater des Edelrüpels Mick Jagger, ein Lehrer, ließ seinen Sohn Wirtschaftswissenschaften studieren.

Die Beatles waren schon, nach ihrem Durchbruch in dem Hamburger Star-Club auf der »Großen Freiheit«, weltbekannt geworden und sangen ihre selbstgeschriebenen Songs, als die Stones noch brutalobrav Blues-Titel von Dixon, Williams und Chuck Berry gecovert haben. Z. B »Little Red Rooster«, oder »Around Around« oder »Oh Carol.«

Dabei knisterte zwischen den beiden Bands eine spannungsreiche Konkurrenz von Anfang an. Die Stones kamen immer 'n Stück hinterher. Auch diese ständige Hinterherkeucherei lockte die Stones womöglich ins wildere Rumwüten mit so harten Titeln wie »Street Fightin' Man«, oder mit dem drogenromantischen Drama »Sister Murphy«, oder sie schmückten sich mit einer Blume des Bösen: »Sympathy For The Devil« Was die Beatles in nett vormachten, machten die Stones in blubberböse nach. Aber das kennen wir: Die großkotzige Anti-Spießer-Haltung ist oft das Allerspießigste. Die manische Tabubrecherei entpuppt sich als monotone Pose. Die Stones brüllen: »I Can't Get No Satisfaction!« Die Stones stoßen weg, permanent kündigen sie den Common sense auf, sie reißen sich aus sozialen Bindungen, sie düpieren die gutbürgerlichen Sitten. Viele Songs der Beatles sind wie umgekehrt, gradezu sozialkuschelig: I wonna hold your hand ... I need a little help from my friends ... will you still need me, will you still feed me ... I love you, I love you, I love you.

Bob Dylan liefert uns all diese divergierenden Dimensionen gleichermaßen in seinen Liedern und Gedichten: das zärtliche Wegstoßen, das wütige Umarmen, das heimwehliche Ausbrechen, das melancholische Gelächter, den stoischen Stolz. It's Alright, Ma / I'm Only Bleeding. Wahrscheinlich kam er aus einem Nest, in dem komplexere Haltungen zur Welt wachsen konnten.

Der tiefschwarze Blue-Ton des Bob Dylan

Dylan stammt aus einem Staat der USA, den Gott am dritten Tag schwedisch gestylt hat: Minnesota. Eine gletschergehobelte Seenlandschaft, nordische Winter, kurze Sommer. Moosüberwucherte Felsen, Fichten und Tannen, Birken und Buchen. Das ist schon fast eine skandinavische Natur, kühles Amerika, in dem auch kaum Schwarze leben, ich glaube kümmerliche drei Prozent. Ein Paradies für weiße Rassisten. Von wem konnte also Bob Dylan, dieser jüdische Junge, als er noch Robert Zimmerman hieß, eigentlich den typischen Ton ablernen, der für europäische Ohren so echt nach Blues klingt und doch gar kein Blues sein kann?

Diese elf Entwürfe für einen Grabspruch, das ist clear as mud, sind kein Lied, sondern ein Poem, also ein Gesang, der nicht gesungen wird.

Dennoch hatte ich beim Nachdichten immer den Sound im Ohr, der schon nach zwei drei gehörten Takten beim Zappen am Radio signalisiert: Dylan! Das isser! – Ja, aber was bedeutet denn nun genauer dieses »das«? Was ist denn nun dieser unverwechselbare Sound, was ist der neuerfundene Ton dieses Meistersingers, der in keine Zunftordnung paßt?

Im »richtigen« Blues werden zwei Töne raffiniert »falsch« gesungen, die Terz und die Septime. Einen Hauch zu tief müssen sie intoniert werden, und zwar um etwa einen viertel Tonschritt, damit eine ideale Schwebe zwischen Dur und Moll in dem harmonischen Unterbau einer Melodie zu hören ist. Im C-Dur-Akkord singt der Sänger und spielt der Gitarrist oder der Bläser dann eben kein »E« und auch kein »Es«, sondern schön »blue« den aufreizenden Ton dazwischen.

Diese Interferenz zwischen hell und dunkel ist wie ein musikalisches Echo der Dämmerung, über die Dylan immer wieder dichtet. Das twilight. Der dusk ist eine Abenddämmerung, die ins Dunkel muß, und the dawn ist eine Morgendämmerung, die ins Licht eines Sonnentages will. So auch in der Menschenseele: Blues, das ist die zerrissene Stimmung, es ist eine vitale Melancholie zwischen begründeter Hoffnung und begründeter Verzweiflung. Blues ist der ausgehaltene, der lebendig gelebte Widerspruch zwischen Lebenslust und tiefstem Schmerz. Und solange der blue-Ton in der stabilen Schwebe, in schwankender Balance sich behauptet, wird die Trauer nie triefend und kann die Fröhlichkeit niemals albern werden.

Bob Dylan singt – das ist ja klar! – keinen echten Blues. Aber dieser Weiße malt das Schwarz der Töne schwärzer als die Schwarzen selbst. Er liefert nämlich nicht nur, wie Lead Belly oder Bessy Smith oder Big Bill Broonzy, die klassischen zwei Töne »blue«, sondern er krächzt alle Töne seiner Tonleiter blue. Jeder Ton ist also zu tief, aber dennoch ist keiner falsch.

Und wo hat Dylan diesen radikal neuen Ton her? Ich bin ihm durch einen launigen Zufall dahintergekommen, seit ich 1983 in Minneapolis war.

Als ich dort nämlich am Tag nach meinem Konzert an den Ufern des legendären Minnehaha-Creek rumlief und den Wasserfall sah, in dem vor langer Zeit ein legendäres Indianer-Liebespaar mit seinem Kanu in den Tod stürzte (eine vor-kolumbianische Romeo-und-Julia-Story), da hörte ich zum ersten Mal den Loon. Nein, nicht in echt! Da am Flüßchen gab es ja gar keinen von diesen sonderbaren Entenvögeln der Region – aber ich hörte den quälend klagenden Ton.

Deborah, eine echte JAP, machte mir den Loon. Sie hatte mich den lieben langen Tag wunderhold und bis in die Nacht herumgeführt.

JAP – was das ist? Im amerikanischen Jargon nennt man so ein jüdisches Mädchen aus wohlhabendem Haus. Ihre Mitgift ist das Examen einer angesehenen Ivy-League-Uni, und ihre political correcte Erotik ist gespickt mit kapriziösen Ansprüchen ans bürgerliche Wohlleben: eine Jewish American Princess. Ich habe dies Kürzel nur aufgeschnappt und vermute: Bob Dylan kann mehr als ein Lied davon singen.

Diese dunkellockige Deborah hat mir bei unsrer kleinen Sightseeing-Tour also den romantischen Wasserfall gezeigt und dann auch den antiromantischen Schuppen, in dem der Nobody Robert Zimmerman für ein paar Dollars seine allerersten Auftritte geliefert haben soll. (Nannte Dylan sich damals schon aus Bewunderung für den walisischen Dichter Dylan Thomas: Bob Dylan? Das wissen die Fachleute.)

Debby hatte sich ein anzügliches T-Shirt angezogen. Im bewegten Wellental zwischen ihren Brüsten schwamm nämlich ein Loon, eine Art schlankere Wildente. Und drunter stand der drollige Slogan: »I'm so aLoon!«.

Wir saßen also am Creek und gruselten uns bei dem Gedanken, wie die schöne Prinzessin Minnehaha mit ihrem Liebsten sich in den Tod rettete. Der Name Minnehaha – erklärte mir das Mädchen aus Minnesota, soll in indianischer Lautmalerei so was heißen wie: Lachendes Wasser!

Und ehe ich noch mit galanter Anzüglichkeit fragen konnte, ob man hier für 'ne Stunde ein Kanu mieten kann, machte Debby mir den Gesang des Loon nach: »Hu huuuuuuu … hoj hojjjjjjj …«. Und sie dozierte: »You know, the Loon ist nämlich das Wahrzeichen von Minnesota. Jeder Staat in den USA hat sein Symbol. New Mexiko hat ein Gürteltier im Wappen. Und das Wahrzeichen des Staates Ohio, wo du grade an der Uni bist, ist The Buckeye, ich glaube das heißt die Eichel, die Buchecker oder so was. Und bei uns hier im kalten Norden, im Lande der zehntausend Seen, da ist es eben dieser Loon. Er macht schrecklich schöne Klage-Töne. Und wer das hört, dem geht ein Schauder tief rein. Er macht Warntöne und auch Locktöne.« Ich fragte nach: »Könnte man also sagen: Der Loon ist die Nachtigall unter den Enten?« – Da lachte sie mir zu: »Ein Dichter darf so was sagen. Wir sehn das praktisch, er wird auch geschossen. Und das mußt du wissen: Jedes Jahr machen wir hier in Minneapolis einen Loon-Wettstreit. Ein Volksfest mit allem Klimbim. Wer da dann die Gesänge des Loon am besten nachahmen kann, der gewinnt den Preis.« – Tja, und dann machte sie für mich diesen Vogel noch mal dermaßen nach, daß ich das Original in der Natur wohl gar nicht mehr brauchen werde: »Hu huuuuuuu ... hoj hojjjjjjj ...«.

In diesem Moment ging mir ein Licht auf. Nun wußte – will sagen: nun ahnte ich, wer eigentlich diesen Wettstreit immer wieder gewinnt, und zwar ohne, daß er daran noch groß teilnehmen muß: Dylan. Hier in dieser Stadt am Oberlauf des Mississippi begann mit unerhört neuartigen Liedern im Loon-Sound seine Karriere.

Mit diesem herzzerreißenden neuen Ton hat Bob Dylan die Welt aufhorchen lassen – und also auch seine Fans in Deutschland, Ost oder West – in diesem Punkte: vereint!

Wolf Biermann, geboren 1936 in Hamburg, Liedermacher, Dichter, Übersetzer, Essayist. 1953 ging er in die DDR. 1965 wurde er dort verboten. 1976 wurde er ausgebürgert. Lebt seitdem wieder in seiner Vaterstadt. Literaturpreise u. a.: Theodor-Fontane-Preis 1968, Jacques-Offenbach-Preis 1971, Friedrich-Hölderlin-Preis 1989, Georg-Büchner-Preis 1991, Heinrich-Heine-Preis 1993.

Bob Dylan (Robert Allen Zimmermann), geboren 1941 in Duluth/Minnesota. Idol in den 60ern, Star in den 70ern und seither Legende. Dylan hat in den letzten 40 Jahren die Musikgeschichte geprägt wie kein anderer und gilt darüber hinaus als einer der großen und einflußreichsten Lyriker unserer Zeit.

Bücher

Die Drahtharfe (1965) · Mit Marx- und Engelszungen (1968) · Deutschland, ein Wintermärchen (1972) · Für meine Genossen · Berichte des Julij Daniel aus dem sozialistischen Lager (1972) · Das Märchen vom kleinen Herrn Moritz (1973) · Die große Drachentöterschau: Der Dra-Dra (1974) · Nachlaß 1 (1977) · Der preußische Ikarus (1978) · Verdrehte Welt, das seh ich gerne (1982) · Das Märchen von dem Mädchen mit dem Holzbein (1984) · Affenfels und Barrikade (1986) · Klartexte im Getümmel (1989) · Der Sturz des Dädalus (1992) · Großer Gesang des Jizchak Katzenelson vom ausgerotteten jüdischen Volk (1994) · Alle Gedichte (1995) · Wie man Verse macht und Lieder – eine Poetik in acht Gängen (1997) · Paradies uff Erden (1999) · Die Ausbürgerung. Anfang vom Ende der DDR (Ullstein Berlin Verlag (2001) · Über Deutschland Unter Deutschen (2002)

(früher: Wagenbach, Berlin, seit 1976 Kiepenheuer & Witsch, Köln)

Schallplatten / CDs

Wolf Biermann (Ost) zu Gast bei Wolfgang Neuß (West) (1965) · Vier neue Lieder (1968) · Chausseestraße 131 (1969) · Warte nicht auf beßre Zeiten (1973) · aah-ja! (1974) · Liebeslieder (1975) · Es gibt ein Leben vor dem Tod (1976) · Das geht sein' sozialistischen Gang (Doppel CD: Live das Kölner Konzert zur Ausbürgerung, 1977) · Des Friedensclown (Kinderlieder) (1977) · Trotz alledem! (1978) · Hälfte des Lebens (1979) · Eins in die Fresse, mein Herzblatt (Doppel CD, 1980) · Wir müssen vor Hoffnung verrückt sein (1982) · Im Hamburger Federbett (1983) · Die Welt ist schön (1985) · Seelengeld (Doppel CD, 1986) · VEB-volkseigener Biermann (1988) · Gut Kirschenessen (1990) · Nur wer sich ändert, bleibt sich treu (1991) · Süßes Leben – saures Leben (1996) · Brecht, deine Nachgeborenen (Doppel CD, 1999) · Paradies uff Erden – ein Berliner Bilderbogen (1999) · Ermutigung im Steinbruch der Zeit (Doppel CD, 2001)

(alle erhältlich bei Zweitausendeins im Versand: Postfach D-60381 Frankfurt/Main, Tel.: 069/420 800-0)

Außerdem ist über BMG-Ariola im Internet eine Doppel-CD mit 36 Liedern erhältlich:

»Lieder vom Preußischen Ikarus« – The Best of Biermann – (das sind 18 Lieder aus Biermanns Ost- und 18 Lieder aus seiner West-Zeit)

Wolf Biermann
Über Deutschland unter Deutschen

Originalausgabe
KiWi 717

Wolf Biermann hat immer wieder in die großen poli-
tischen Debatten der letzten Jahre eingegriffen und
mit seiner gedanklichen Schärfe, Formulierungskunst
und polemischer Treffsicherheit oft mehr zur Klarheit
beigetragen als die vielen Stimmen ewig abwägender
Politiker oder Journalisten.
»Über Deutschland unter Deutschen« versammelt
alle wichtigen Essays der letzten Jahre. Biermann u.a.
über Heinrich Heine, die CSU, Kultur und Gewalt,
Leitkultur, Armin Müller-Stahl, Jurek Becker, Heiner
Müller, Joschka Fischer, den 11. September und
den Nahostkonflikt.

www.kiwi-koeln.de

Wolf Biermann
Paradies uff Erden

Ein Berliner Bilderbogen
Gebunden

In Liebe und Zorn beobachtet, erzählt, kommentiert und streitet der Dichter. In wild-schönen, kräftig-deftigen Balladen und Moritaten, Liebesliedern und Spottversen entwirft er ein »Paradies uff Erden«, das auch mancherlei höllische Züge trägt. Und in seinen vielen Tonarten zeichnet er das quirlige Sittenbild einer Stadt, die in Umbruch und Aufbruch lebt.

www.kiwi-koeln.de   VERLAG KIEPENHEUER & WITSCH

Wolf Biermann
Wie man Verse macht und Lieder

Eine Poetik in acht Gängen
Broschur

Dieses Buch gestattet den scharfen essayistischen Blick in die Werkstatt des Poeten, des Komponisten und Liedersängers Biermann, auch des »Transportarbeiters«, der seit über dreißig Jahren Gedichte und Lieder aus allerhand Sprachen in sein Deutsch bringt. Die brillanten Analysen und aphoristischen Pasquille weiten den Blick – so öffnen Biermanns blindwissende Zornesausbrüche und hellsichtige Liebeserklärungen dem neugierigen Leser die Augen. Nebenbei liefert Biermann Materialien für eine wahrhaftige Literaturgeschichte der DDR: Brecht, Becher, Hermlin, Müller u.a. Der weltgeistliche Hegel ist immer mit von der Partie, denn er hat in Biermann einen gelehrigen Schüler ...

www.kiwi-koeln.de VERLAG KIEPENHEUER & WITSCH